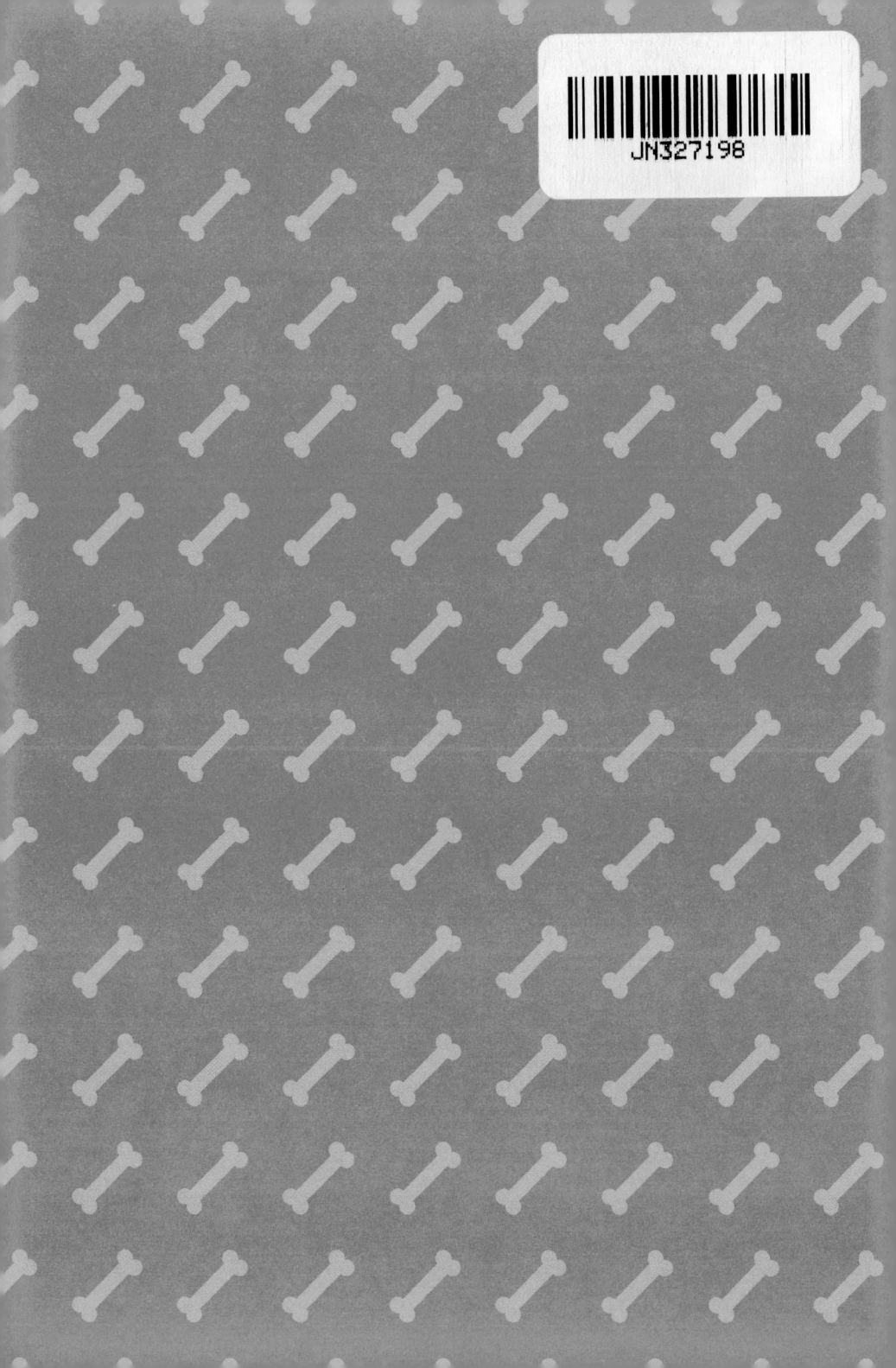

コレが欲しかった！と言われる

「商品企画」のきほん

コンセプト　企画書の書き方　販促プラン　顧客育成

末吉孝生［著］

SE
SHOEISHA

はじめに

著者（末吉孝生）は、20年以上、商品開発、事業開発を支援してきたコンサルタントです。商品企画、マーケティング企画に携わってきたのは主に、家電、住宅、アパレル、ネットサービス関連の商品です。この20年間で200以上のプロジェクトに関わってきました。

また商品企画だけでなく、5社のベンチャー企業での勤務体験、うち4社での取締役経験を通して、事業会社の立ち上げにも携わってきました。会社という商品をキャピタルに訴え、投資家から資金の提供も受けてきました。

また、日本能率協会やアタッカーズ・ビジネススクールといった教育機関で、マーケティングやビジネスモデル開発、事業開発の教育を15年に渡って実践しています。たくさんやればいいというものではありませんが、多くの実践のなかで、今回ご紹介する企画テンプレートに磨きをかけ、使いやすいように工夫してきました。

私が若手だった1980年代には、多くの商品企画やマーケティングの作法書、技術書がありましたし、先輩方も技術の伝承に非常に熱心でした。そのため私も、自分自身が企画しながら、一方で社内外の講師として教育していくことをすんなりと受け入れたと思います。

その後、バブル経済と長期不況の影響で、人材の採用、育成が幾度もとぎれてしまい、伝承も不十分になってきたのではないでしょうか。特に、中小企業においてはこの傾向が顕著だと思います。

そこで、伝承できる技術と情報を皆さんにお話していきたいと思い、本書を執筆することにいたしました。この本をきっかけに、少しでも私がこれまで実務・教育の中で蓄えてきた知見を皆さんと共有できればと思います。

0章 本書について

1章 1枚企画書を書いてみる

2章 目的と目標を確認する

contents

3章 | テーマを設定する

4章 | 誰に売るかを考える

5章 | 顧客を調査する

6章 コンセプトを練り上げる

7章 ポジションを決める

8章 売り方を考える

9章 顧客を育成する

10章 進め方を考える

0章

本書について

商品企画にはいくつかのパターンがあり、
どれかによって本書の
読み方・使い方もかわります。

01 本書の対象読者

「こんなに面白いアイディアを出したのに、営業がちっとも乗ってこない」「事前に販促プランを詰めておこうと呼びかけても、企画が時間をまったくとってくれない」「現場には、早く商品企画を進めるよう伝えたのに、ぜんぜん成果が上がってこない」

こんなことを思ったことはありませんか？　本書は、まさにそんな悲鳴を上げている方のために書かれたものです。商品企画の現場は、どの企業でも大変忙しいもの。でも、多忙を理由に大切なことを決めずにプロジェクトを進め、結果的に商品が売れなければ本末転倒のはず。そして、私の見てきた商品企画の現場では、残念ながら、こうした状況が頻繁に起こっています。そこで私は、「商品を売る」ために決めなくてはならないことを、必要最低限のエッセンスとして提供しようと思い、この本を書きました。

すべての関係者がイメージを共有するために

詳しくは、この先を読み進めていただければと思いますが、ここで1点だけ、申し上げておきます。それは、商品企画に関わるさまざまな人は、立場によって、その見えている景色が異なるということ。つまり、企画担当には企画の視点で、営業には営業視点で、経営者は経営視点で商品企画を見ているのです。では、それぞれが見えている景色を共有するためには、どうすればいいのでしょう？　そのために必要なのが、実はイメージの共有なのです。そこで、本書では関係者全員が商品企画のゴールとプロセスのイメージを共有するために必要なプランを解説することにしました。

中堅企業の経営者の方

「見せ方」プラン（ポジショニングを中心に）

自社商品の良さを残しつつ、新しいアイディアを入れましょう。

つい、過去の成功体験の延長上で商品企画を考えた結果、ユーザーには「変わり映えしないな」と思われているかもしれません。自社商品の良さを残しつつ、新たなアイディアを入れていくために、「自社商品の良さ」を社員と共有しましょう。3〜7章の方法論に、ぜひ目を通してください。

ベンチャー企業の経営者の方

「見せ方」プラン（コンセプトを中心に）

優れたアイディアを「売れる商品」へと変換しましょう。

どんなにアイディアや機能が優れていても、ユーザーにとって「便益」がなければ商品は売れません。本書の6章で、商品の「特長」を「便益」へと変換する方法を解説しています。

ベンチャー企業・中堅企業の経営企画部の方

「進め方」プラン

忙しさに負けず、プロジェクトを成功へと導きましょう。

ベンチャー企業・中堅企業の経営企画部の方は、本業の片手間で、商品企画に携わることが多いはず。私自身、ベンチャーで商品企画・新サービス構築担当だったので「何でも屋」にならざるを得ない状況はよく理解しています。多忙な中でプロジェクトを仕切る方は、10章「進め方」プランを読んでください。

広告代理店の方

「売り方」プラン

お客様にとって必要な「売り方」を知っておきましょう。

広告代理店が広告だけを売る時代は終わりました。お客様にとって必要なのは、商品を売るためのマーケティング・プランです。さまざまな企業に出入りして蓄積した商品の「売り方」をお客様に提供しましょう。8、9章の「売り方」プランを中心に読んでください。

02

商品企画の四つのパターン

本書の企画にあたって、商品企画の課題を以下の四つにわけて考えました。多少の誤差はあったとしても、基本的にはどれかに該当するはずです。

1.既存商品をリニューアルしたい＝既存商品×既存顧客

既存商品のリニューアルの場合、特に課題となるのが現状の問題点です。現状の問題点を“もれなくだぶりなく”分析するには、3章で紹介する問題分析ツール「SWOT分析」が有効です。また既存商品でポイントになるのが顧客維持策です。これは9章をご覧ください。いまや顧客育成はマーケティングの中で大きな分野になっているので、その方策を概観いただければと思います。

2.既存商品を新たな顧客に売りたい＝既存商品×新規顧客

既存商品を新たな顧客に売る場合、新しいターゲット顧客を設定する方法と商品コンセプトを変える方法とがあります。具体的な方法は4章と6章に書かれています。

3.新商品を今の顧客に売りたい＝新商品×既存顧客

既存商品の問題、課題を明確にした上で、新商品を投入するのであれば、3章を見てください。既存商品と補完するように位置づけて売りたいのであれば、7章のポジショニングも重要になります。

4. 新商品を新たな顧客に売りたい＝新商品×新規顧客

新たな顧客に新商品を売るのであれば、それはすべて読んでもらうのが一番。斜め読みでも良いのでざっと2章～9章まで読んでください。

商品企画の課題を確認する

	既存商品（既存技術）	新商品（新技術）
既存客	① ▶売り方の問題点を明確にしたい ▶顧客を維持したい	③ ▶既存客にプラス一品の提案をしたい ▶既存客向けの新商品ポジショニングを明確にしたい
新規客	② ▶新しい顧客を探したい ▶コンセプトをかえて既存商品を新規客に売りたい	④ ▶ゼロ発想で新規商品を作りたい

↓

以下の該当ページを見てください

	既存商品（既存技術）	新商品（新技術）
既存客	① ▶3章 ▶9章	③ ▶3章 ▶7章
新規客	② ▶4章 ▶5章 ▶6章	④ ▶2章～9章

03

商品企画の四つのステップ

本書では、4ステップで商品企画を考えます。多くの人はステップ0だけで考えがちですが、ステップ0〜3のすべてが必要です。

【ステップ1】 商品の「見せ方」プランを作る

ステップ1では「その商品が顧客の頭の中でどのようにイメージされるか」を設計します。たとえば夏場に「のどが渇いた」と思ったときに、多くの人はミネラルウォーターやコーラなどをイメージします。コンセプト作りでは、このように顧客が頭の中でその商品をどのようにイメージするかを設計するのです。

【ステップ2】 商品の「売り方」プランを作る

ステップ2では商品の「売り方」プランをつくります。売り方を考える部分は、決してコンサルティング会社や広告代理店などに任せきりにしてはいけません。商品企画担当者自身が、商品が店頭やネット上でどのように売られるかのイメージをきちんとつくっておかなくてはならないのです。いくらだと商品の値頃感を感じるか、どのような販売業態、販売方法だと顧客は買いやすいのかといった全体像をしっかり作っていきましょう。

【ステップ3】 商品企画の「進め方」プランを作る

ステップ3は「進め方」プランです。商品企画を進めるにあたっては関係者を巻き込む必要があります。関係者には、調達先や販売先、提携先まで入ります。時には顧客も競合も関係者になる場合があるでしょう。全員が、その商品の販売に積極的に関わり、店頭で目立つ位置に置いてくれて、きちんと営業してくれれば商品が成功する確率は格段に上がります。

商品企画の4ステップ

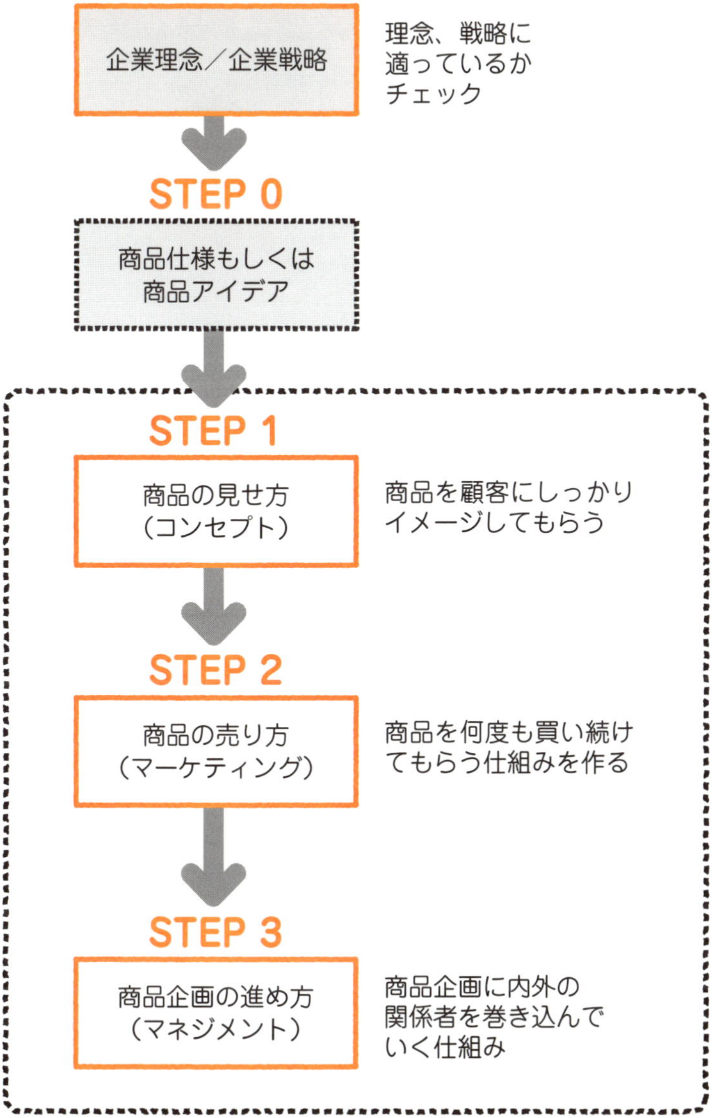
企業理念／企業戦略
理念、戦略に
適っているか
チェック
STEP 0
商品仕様もしくは
商品アイデア
STEP 1
商品の見せ方
（コンセプト）
商品を顧客にしっかり
イメージしてもらう
STEP 2
商品の売り方
（マーケティング）
商品を何度も買い続け
てもらう仕組みを作る
STEP 3
商品企画の進め方
（マネジメント）
商品企画に内外の
関係者を巻き込んで
いく仕組み

商品企画の全体像と本書の構成

本書の構成は大きく四つにわけられます。すなわち、商品企画の「全体像」を理解する箇所、商品の「見せ方」を理解する箇所、商品の「売り方」を理解する箇所、商品企画の「進め方」を理解する箇所です。

商品企画の「全体像」を理解する

1、2章では、3〜10章に書かれていることを簡単に一括りにまとめています。とにかく手っ取り早く、商品企画の全体像を知りたい方はまずは1章だけ見ていただければ、一通りの流れは理解できます。

商品の「見せ方」を理解する

3〜7章では、商品の「見せ方」を考えるにあたって必要なことを解説します。「見せ方」を考えるとは、すなわち商品イメージを構築する作業です。商品コンセプトをわかりやすく説明できるレベルを目指してください。

商品の「売り方」を理解する

「売り方」編では、商品企画の段階でどのように売りたいかについて、「価格」「流通」「販促」も含めたイメージ作りを考えます。関係者に商品の売り方を説明するときには、最低限、この章に書かれた内容を説明できるようにしてください。

商品企画の「進め方」を理解する

「進め方」編では、商品企画をスムーズに進展させるための社内外の体制づくりを考えます。実際の商品企画では実行体制がしっかりと計画に落ちていることが大切です。「段取り7割、実施3割」で考えてください。

本書の構成要素

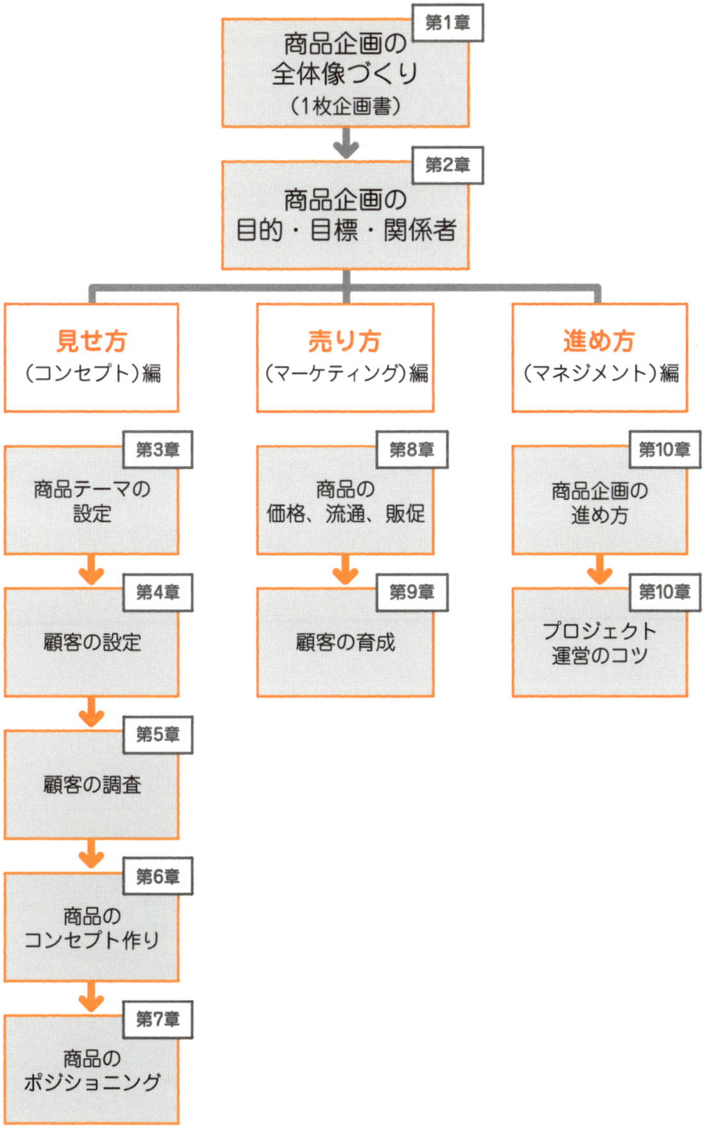
第1章
商品企画の
全体像づくり
（1枚企画書）
第2章
商品企画の
目的・目標・関係者
見せ方
（コンセプト）編
売り方
（マーケティング）編
進め方
（マネジメント）編
第3章
商品テーマの
設定
第4章
顧客の設定
第5章
顧客の調査
第6章
商品の
コンセプト作り
第7章
商品の
ポジショニング
第8章
商品の
価格、流通、販促
第9章
顧客の育成
第10章
商品企画の
進め方
第10章
プロジェクト
運営のコツ

1章

1枚企画書を書いてみる

見せ方・売り方・進め方を
シンプルにまとめた1枚企画書の作成から
スタートしましょう。

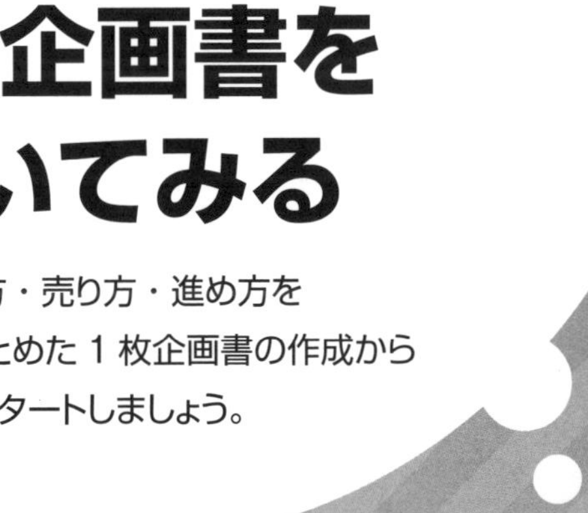

01 企画書の構成要素

一枚企画書には様々なメリットがある

「会社の命運をかける新商品のプランは、時間をかけてきちんと書かなくてはならない」と考えていらっしゃる方も多いと思います。しかし私は、まずは一枚企画書を書いてみることをお勧めしています。それにはいくつか理由があります。まず、一枚企画書なら短時間で書けること。「10枚以上のプランニングシートを作らなくてはならない」と言われると、なかなか時間は割けなくても、「まずは一枚書いてみましょう」と言われれば、気軽に書き始めることができます。

さらに一枚でも書けば、誰が見ても短時間で理解できますし、欠けている箇所も一目瞭然です。また今ある情報で「とりあえず書いてみる」と、この先どんな知識が必要なのかもわかります。

一枚企画書に入る前に商品プランの全体像を把握しよう

商品企画に必要な要素を右図に一覧にしました。一つのボックスが企画書の1枚1枚にあたるイメージです。全部作ると30枚弱ほどになるこの商品プランを、本書ではそれぞれの章で数枚ずつ作っていくことになります。上から、「商品企画の目的、目標」→「現状分析」→「見せ方」→「売り方」→「進め方」の順番になっています。この中で特に重要なのが「見せ方」プランの要素である、商品のコンセプトとポジショニングです。商品のメリット（役立ち感）を一言で言い切るコンセプトと他社との違いを一言で言い切るポジショニング（商品のイメージの位置づけ）の二つがしっかり設定できれば、「見せ方」だけでなく、「売り方」も明確になり、商品企画は成功します。では、「見せ方」「売り方」「進め方」の順番に一枚企画書の作り方を理解していきましょう。

商品プラン一枚企画書

（タブレットPCの場合）

書き方	**商品開発概要シート（商品開発名** 仮称「タブパッド」） **作成者**（開発・末吉） **作成日**（14年2月22日）		
商品をめぐる現状について書こう	**市場の現状** □現状の消費者像 ・外出先ではメールやネットブラウジングのような簡易の操作が中心 ・物理的なキーボードは不要、スマホのように画面タッチで十分 □現状の競合会社と特長 ・アップル社「アイパッド」等、各PC,電気メーカーから発売 □現状の流通と特長 ・大手電気量販店による販売 ・一部自社通販サイトによるダイレクト販売	**製品基本情報** □機能性能 ・より小型で軽量。８インチ、３００グラム以下。 □開発目標 ・月販売台数1,000台 □与件 ・販売価格は２万円以下	**商品開発に関連するトレンド** □政治 企業情報のセキュリティ厳格化。多数の企業で会社のPCは持ち出し禁止に。 □経済 景気の拡大による個人所有、個人利用が拡大 □社会 紙の書類が激減。企業方針としても紙で配布しないことを奨励している。 □技術 OSはアンドロイド。アンドロイドの開発方針に依拠する。
誰に売るか決めよう	**顧客設定** □地域 □年齢帯、家族、所得 □ライフスタイル □ユーザー特性 ・ビジネスパーソンが主。価格が大幅に下がったことにより広範な層に拡大。 ・簡易なビジネス文書であればタブレットで作成。ネットブラウズやSNSへのアクセスも頻繁にあるのでスマホよりもタブレットのほうが楽だと考える層		
想定顧客のメリットは	**□機能的メリット** ・軽量・小型であるにもかかわらず、ビジネス文書も作成可能 ・プレゼンテーション資料もプロジェクタに接続して映写可能 **□情緒的メリット** ・カバンにいつも入れたままにできるので大事な折衝の場面で忘れない ・重いキーボード付きのPCを持ち歩くのと違い、カバンの中の存在を忘れてしまうほど		
どんなシーンで買う・使う？	商談中のとっさの時のネット検索	**コンセプト** ビジネス本格ファブレット （スマートフォンとタブレットの中間的位置付け）	・電車などでの移動中でもまとまった資料を読みこなせる ・時にはゲームもそこそこの大画面で楽しめる
どんな売り方にするか	**売り方概要** □価格帯（高・並・低） 記憶容量６４GBモデルで２万円 □流通（店舗・無店舗） 大手量販Y、Kを中心に展開 カラー展開商品は自社ダイレクト販売 □広告・広報 PC系の情報サイトへの集中的な広告出稿 □インターネット 複数のSNSで専用ページ作成		
誰がこの商品を作るか	**実行計画概要** □リーダー □メンバー リーダー末吉、メンバー３名（開発１名、商品企画１名、営業１名）		
おおまかな開発日程は？	□商品企画完成（１月末）□社内プレ（２月）□社外関係者プレ（３月）□仕様決定（５月） □仕様最終決定（６月）□プレテスト（８月）□量産日（１１月）		

手元にある情報だけで作ってみよう

02

「見せ方」を考える

商品の「見せ方」を決めるにあたっては、まずその商品のコンセプトとポジショニングを決めなくてはなりません。ここでは、この二つをどのように決めていけばいいのかを見ていきましょう。

コンセプトの構成要素と決め方を知ろう

コンセプトの構成要素とは、その商品を「どのような顧客層が」「どのようなシーンで使ってくれ（買ってくれ）」「どのような便益（役立つ感）を感じてくれるか」という三つです。このうち便益は、顧客の意識の中にあるので、何らかの調査を行って調べる必要があります。

「買いたい」という意識が、どのような顧客に、どのような時・場所で、どのような理由で生まれるかがわかれば、その商品の「コンセプト」はおおよそつかめたことになります。

ポジショニングの構成要素と決め方を知ろう

ポジショニングとは、他社に同じような商品がある場合、その競合品と明確に差別化するために、数ある特性の中でどこが違うのかを探し出す作業です。

どのような特性を軸に比較するかが最も重要なので、通常、いくつかのたたき台を出して、その中でその商品に最も合ったものを選びます。

その商品のポジショニングを決める際には、「顧客設定」「シーン」「便益」を軸にとって同じジャンルの商品を比較したポジショニング・マップ（p.86参照）という図を書いて商品の「見せ方」を考えます。

見せ方の要素＝コンセプトとポジショニング

役立ち感を感じる

商品のコンセプト
誰が（Target）
どんなシーンで（Occasion）
どのような便益を（Benefit）

違いを感じる

競合品のコンセプト
ターゲットの違い
シーンの違い
便益設定の違い

競合との違い

＝

ポジショニング（positioning）

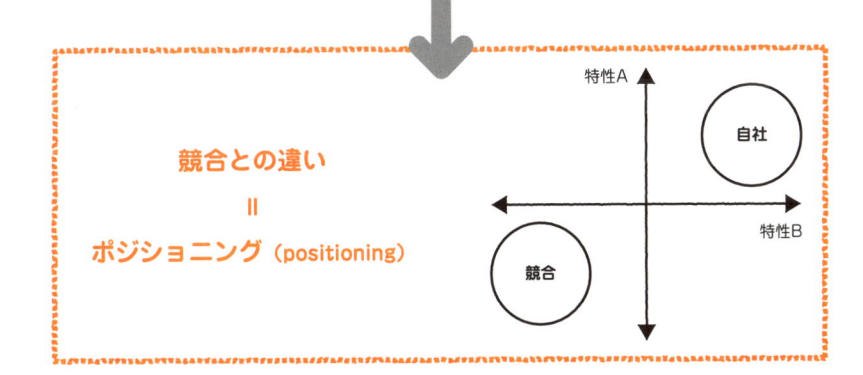

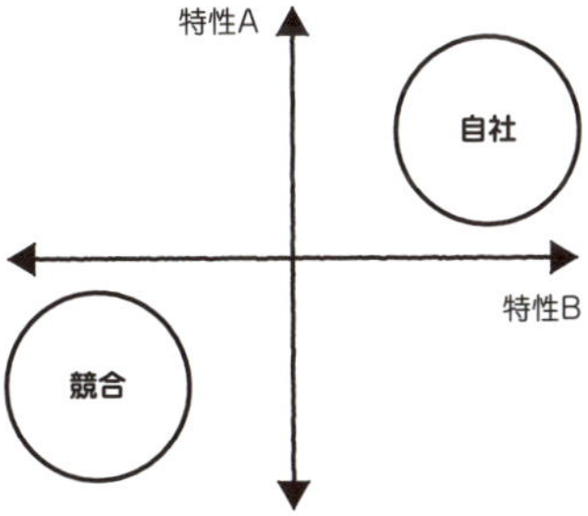

03

「売り方」を考える

「売り方」を考えるにあたっては、いくつかのことを決めなくてはなりません。ここでは、「売り方」プランの構成要素を理解して、それぞれが果たす役割を見ていきましょう。

「売り方」プランの構成要素と決め方を知ろう

「売り方」プランを立てるにあたっては、以下の四つのことを決めなくてはなりません。

1. いくらで売るか
2. どこで売るか
3. どのように伝えるか
4. どのように何度も買ってもらうか

「売り方」プランでは、想定したお客様（ターゲット顧客）に、商品に対してのロイヤリティ（忠誠心）を持って何度も買ってもらうための計画を練ります。

●「いくらで」：想定している顧客にとっての値ごろ感が大事です。
高すぎても低すぎても検討の対象になりません。
●「どこで」：顧客にとってもっとも買いやすい場所はどこか。
買うといっても、店頭で触って比べて実際にお金を払うのは
ネットサイトといった複雑なプロセスになっています。
●「どのように伝えるか」：アマゾンのユーザー評価のようにまったくの他人の口コミが購入意思決定につながるようになっています。
●「どのように何度も買ってもらうか」：顧客に商品や会社にたいして強い愛着を持ってもらうことでリピートしてもらいます。

売り方の要素＝マーケティング（4P）

	商品・サービスの 技術／アイデア
	↓
いくらで売るか	価格
	＋
どこで売るか	流通（店舗／無店舗）
	＋
どのように 伝えるか	広告／広報
	＋
どのように 何度も 買ってもらうか	顧客育成プログラム

「進め方」を考える

04

商品企画を進めるにあたっては、通常、社内あるいは社外の人も入れたチームをつくります。商品企画プロジェクトを進めるためには、それらの関係者を「巻き込む」必要があります。そのためにも、やはりプラン作りが重要です。

「進め方」プランの構成要素を知る

「進め方」プランは、新商品企画の作業計画書のようなものです。その構成要素が、通常、以下の5W2Hです。5W1Hに加えて「いくらで」という原価企画も含まれるのが特徴です。場合によって、そのプロジェクトのリスクも考慮します。

1. なぜ
2. 誰が
3. どこで
4. 何を
5. いつ
6. どのように
7. いくらで

「進め方」プランを関係者全員で共有しよう

社内メンバーや社外の外注先、仕入れ先などに最大限協力してもらうためにプロジェクトをできるだけ「見える化」します。上の7項目を明確化した「進め方」プランを関係者全員で共有すれば、自然とみんなの歩調が合ってきます。

進め方の要素＝マネジメント（5W2H）

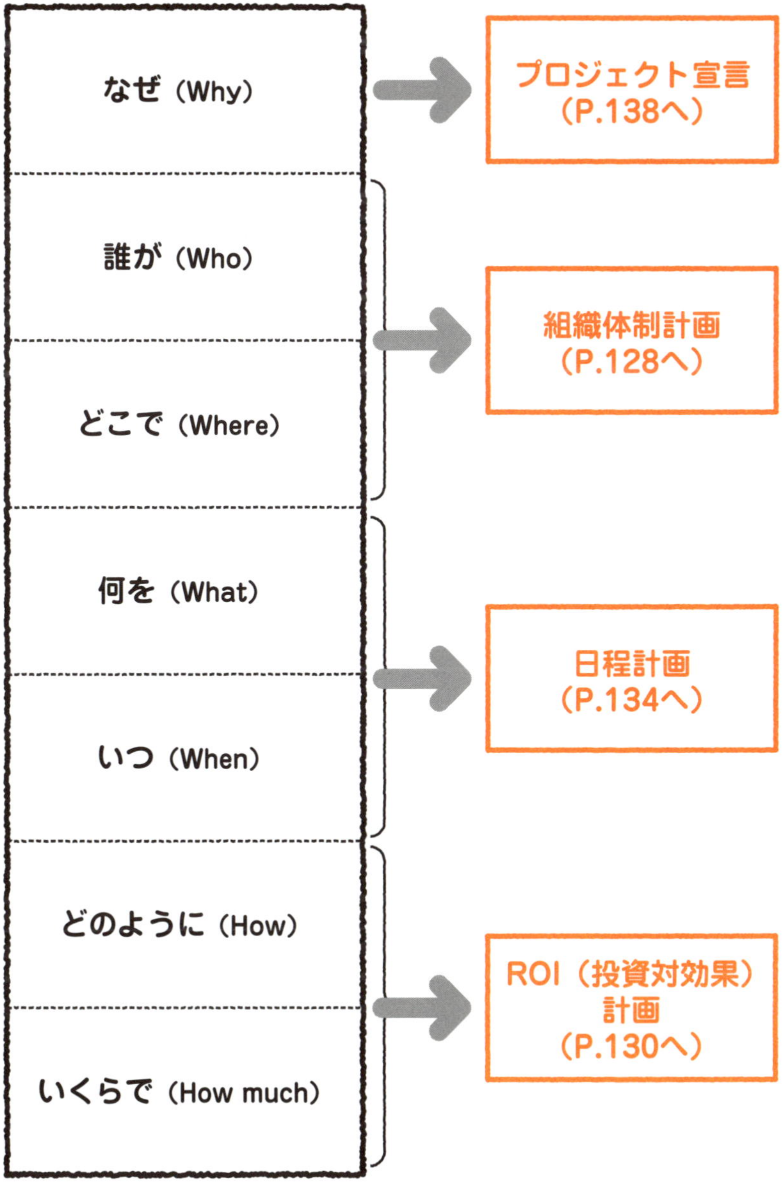

2章

目的と目標を確認する

何のためにこの商品を作るのか?
何をもって成功とみなすのか?
まずこれを決めてください。

01

商品企画の目的

そもそも、なぜ商品企画をするのでしょう？担当者に聞くと「上司や会社のトップはわかっていると思うけど……」という答えが返ってくることも。商品企画の目的が不明確なままプロジェクトを進めていることも珍しくありません。商品企画のかなりの部分は、既存商品のリニューアルです。当然、過去からのしがらみが影響し、目的も曖昧になりがちです。でも、リニューアルこそ自社商品群の中での位置づけをはっきりと決めておかなくてはなりません。ここでは、商品企画の目的を決める方法論を理解していきましょう。

商品企画の目的の分類法を理解する

商品企画の目的は大きく分けて、以下の三つに分類されます。

1. 戦略商品　会社の顔にする、競合との差別化をはかる、新分野を開拓するといった企業戦略に貢献する目的の商品。企業戦略と連動する
2. 主力商品　利益に直接貢献することを目的にした商品。原価を下げるなど、最大限利益を確保する
3. 補完商品　主力商品を売りやすくすることを目的とした商品。主力商品が安く見えるよう高額商品を加えたり、カラーバリエーションを設定して顧客の個別ニーズに応える

たとえば戦略商品は企業の長期的、革新的、集中的、統合的な活動を支える商品なので、商品企画にあたっては戦略自体を明確にしなければなりません。重要なのは目的に応じて、「どの程度のコスト（人件費も含めて）をかけるか」を考えることです。

商品企画の目的

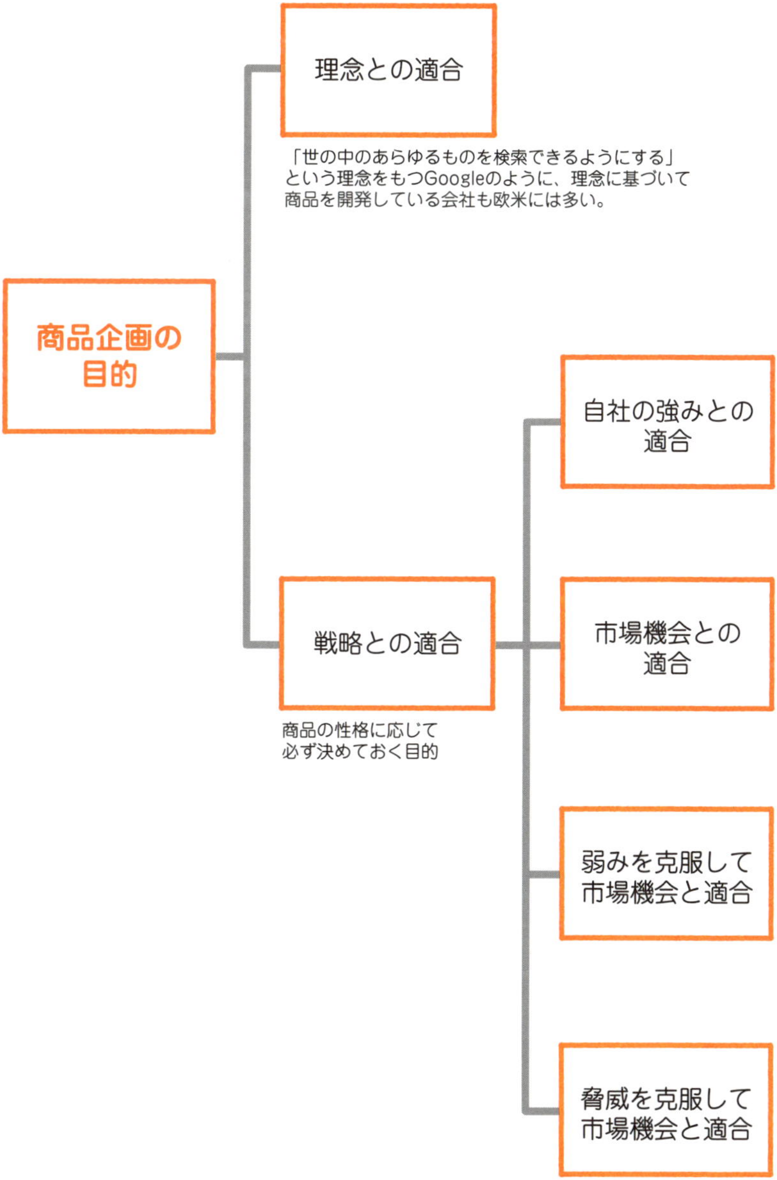
商品企画の目的
理念との適合
「世の中のあらゆるものを検索できるようにする」という理念をもつGoogleのように、理念に基づいて商品を開発している会社も欧米には多い。
戦略との適合
商品の性格に応じて必ず決めておく目的
自社の強みとの適合
市場機会との適合
弱みを克服して市場機会と適合
脅威を克服して市場機会と適合

02

商品企画の目標

「商品企画の目標を考えろ」と言われると「商品企画の目的と何が違うんだ」という答えが返ってきそうですが、「目的」と「目標」とは本来、意味が違います。目標とは、目的を「成果物」に落としたものです。たとえば、目的が「我が社の主力商品として、市場のトップシェアをねらう」というものであれば、目標は「今年中に1000万個売る」となります。売り方自体も、目標によって大きく異なってきますし、当然、広告・宣伝にかけるコストも変わってきます。ここでは、商品企画の目標の立て方を理解していきましょう。

商品企画の目標を立てる意味を理解する

商品企画の目標を明確にする意味は二つです。一つは「関係者の意志を統一する」こと。関係者が「どの程度の売上やシェアを確保したらいいいか」の意識的な目安を設けるわけです。半年、1ヶ月、1週間、1日という単位で、「何を」「どこまでに」やればいいのかを、業務の「量」や「質」で示すのです。

もう一つの意味は「予測を立てる」ことです。「どの程度の市場（需要見込み）」を、「どの程度努力（活動見込み）」して、「どの程度の販売量／額」を達成できるかを明確にします。

目標を立てるにあたっては、潜在市場の大きさを理解する

商品開発の目標を立てるにあたっては、その商品にどのくらいの市場があるのか、すなわち市場の大きさを理解しておく必要があります。団塊の世代向けの戦略商品であれば、団塊の世代の中心層である800万人が潜在市場の大きさです。そこで「この800万人の20%にあたる、160万人に売る」という目標を設定するわけです。

商品企画の目標

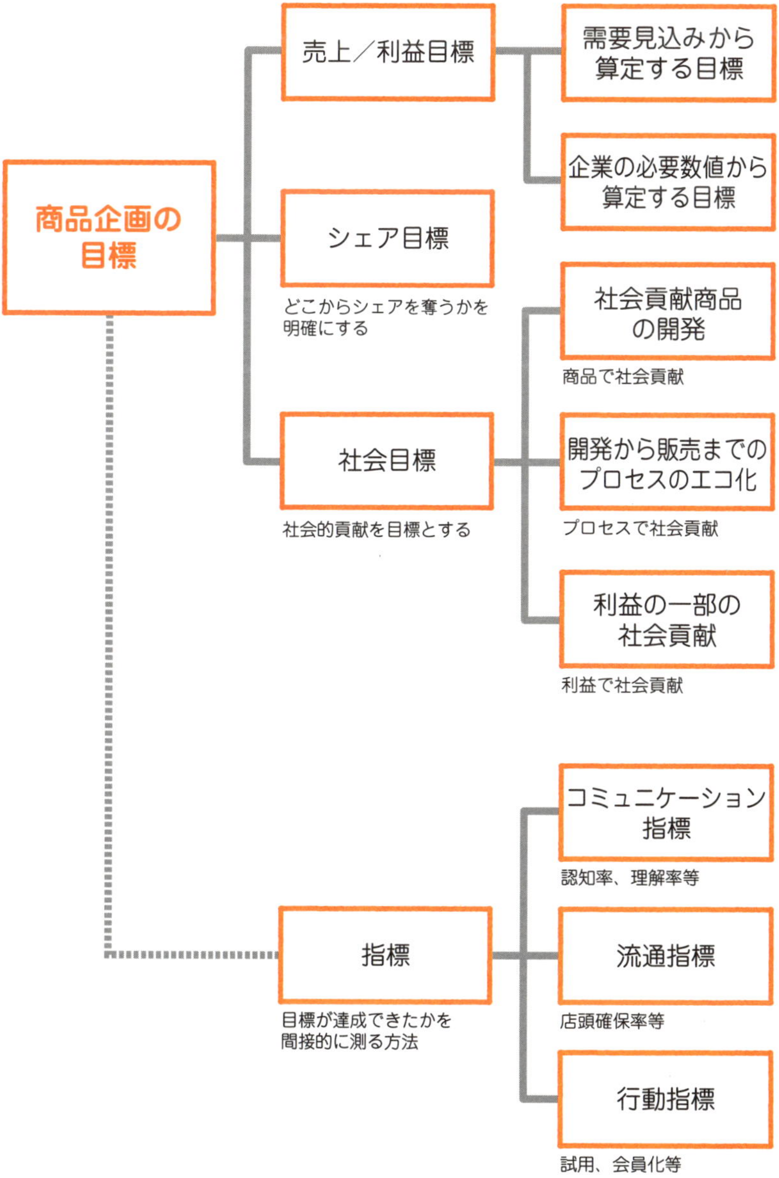
商品企画の目標
売上／利益目標
需要見込みから算定する目標
企業の必要数値から算定する目標
シェア目標
どこからシェアを奪うかを明確にする
社会目標
社会的貢献を目標とする
社会貢献商品の開発
商品で社会貢献
開発から販売までのプロセスのエコ化
プロセスで社会貢献
利益の一部の社会貢献
利益で社会貢献
指標
目標が達成できたかを間接的に測る方法
コミュニケーション指標
認知率、理解率等
流通指標
店頭確保率等
行動指標
試用、会員化等

03

目的、目標を書いてみる

実際に商品企画の目的、目標を書いてみましょう。事例は架空のものですが、イメージしやすいよう著名企業の類似例としています。ヒントにして下さい。

リニューアル商品が特に危険

過去そこそこ成功し、リニューアルし続けている商品の場合、あまり目的・目標を明確にしなくても、とりあえず開発は進むので上司の命令も「少し目先が変わればいいから」となりがちです。こうなると企画担当はリニューアルの方向性に迷いが生じます。なまじ過去の成功体験があるため自分なりの方針も作れず、そうかと言って上司からも方針を明示されない。メンバーのやる気をもっとも損なうのは不明確な目的しか与えられない時だと言われます（ハーズバーグの理論）。経営幹部の方は、くれぐれも覚えておいてください。

「釣り竿理論」

釣り竿を持って釣り糸の先を見ていると、手元の微妙な揺れや手首の動きが釣り針の大きな揺れになっているのがわかります。これは商品企画でもまったく同様です。リーダーの方針に微妙な揺れがあると、その先端であるメンバーは大きく揺れます。その結果、リーダーのメッセージの捉え方も、人によって大きな違いが出て、その違いがいつしか方針を曖昧なものにしていき、それを放置するとさらに曖昧さは広がり続けていきます。

このような事態を防ぐには、商品企画の目的を必ず文章にして、メンバーがつねに意識できるようにしておくことが必要です。さらに言えば、リーダーの最初の仕事はこの方針を文書にまとめることなのです（開発プロジェクト宣言についてはP.138を参照ください）。

商品企画の目的・目標明確化シート

（タブレットPCの場合）

目的

事業戦略	□総需要拡大　□競争優位　□社会的貢献　□収益力 8インチサイズタブレットの中で軽量競争を引き起こす。
事業上の位置づけ	タブレット事業をノートPC事業以上の事業規模に拡大する。

目的から指標まで、一貫性があるかどうかのチェックをして

目標

売上目標	14年度10万台
シェア目標	20%
社会的目標	□社会的な活動への貢献 □業務における社会環境活動の実施等 ビジネスマンに8インチタブレット一台で外出先での仕事がほぼまかなえるという意識を持ってもらう。重い資料とPCを持ち運ぶという固定観念の除去。

代替化
部分化

指標

コミュニケーション目標	□認知　□理解　□好意　□購入意向　等 認知率30%
流通目標	□店頭確保率　□回転率等 配荷率30%
行動目標	□試用　□会員化等 トライアル率10%

これらの指標を通じて目標の実現可能性を予測します。

04

関係者を把握する

商品企画は一人でするものではありません。沢山の関係者とともに進めていくものです。彼らをきちんとプロジェクトに巻き込んでいくことが、すなわち商品企画の成功につながります。ここでは、これら関係者としてどのような人がいるのかを把握していきましょう。

商品企画の直接の関係者を把握する

まずは、プロジェクトのメンバーです。メンバーには、専任メンバーと、部分的に参画してもらう兼任メンバーがいます。兼任メンバーの場合、メンバーのその上司や部下を説得するのも大切です。メンバーの上司がプロジェクトに否定的で十分に活動できないということもよくあります。また、商品アイデアやコンセプトに対する反応は当初社員からもらうことになるので、メンバー以外の社員や社員の家族にもホームユーステストの形でプロジェクトに関わってもらうこともあるでしょう。さらに、顧客も重要な関係者です。「見せ方」「売り方」を検討するにあたっては、有力顧客の意見を聞いたり、調査したりすることも必要になります。

商品企画の間接の関係者を理解する

地域や国といった社会も、その政治的・法的な制約を受けるという意味では大きな関与者です。したがって商品企画にあたっては、その商品を出す社会的な意義を把握する必要があります。昨今、商品企画に企業の社会的責任（CSR・CSV）が重視されるようになっているのもこうした状況を受けてのことです。特に、社会の目（世論）は、その商品が環境に適応しているかどうかについて、かなり厳しい目を持つようになってきました。

商品企画の関係者

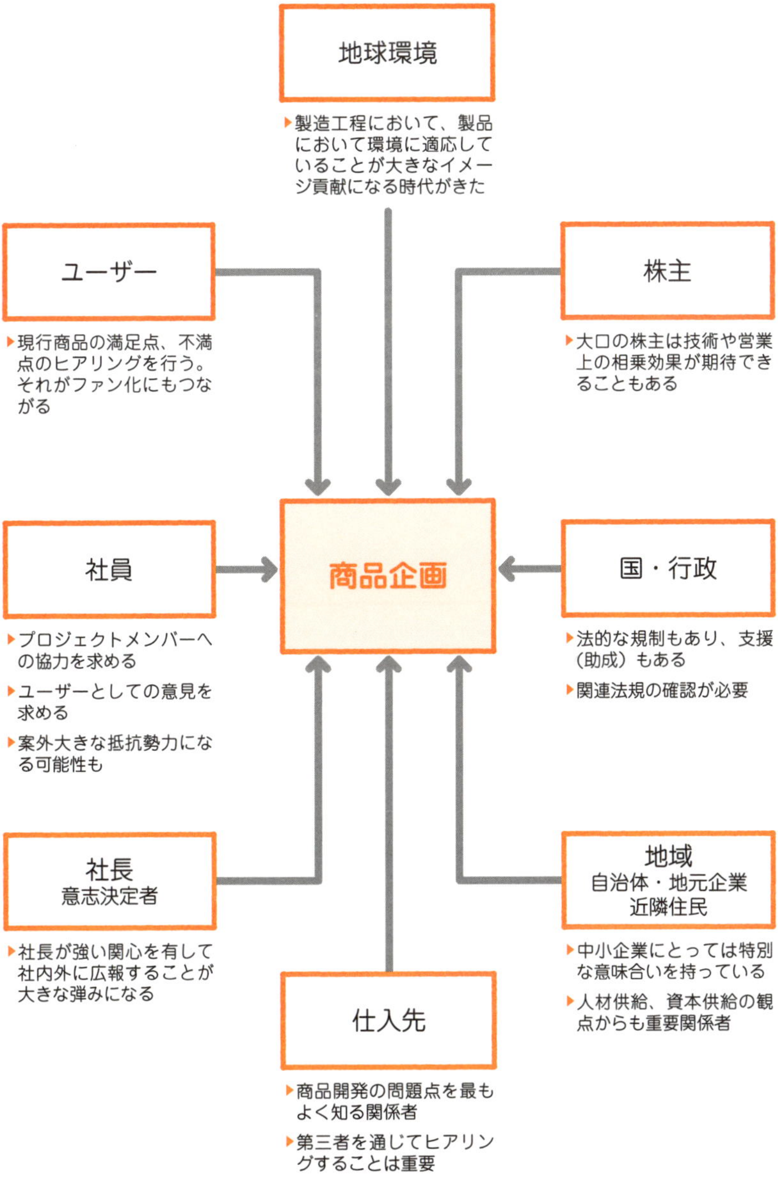
地球環境
製造工程において、製品において環境に適応していることが大きなイメージ貢献になる時代がきた
ユーザー
現行商品の満足点、不満点のヒアリングを行う。それがファン化にもつながる
株主
大口の株主は技術や営業上の相乗効果が期待できることもある
社員
プロジェクトメンバーへの協力を求める
ユーザーとしての意見を求める
案外大きな抵抗勢力になる可能性も
商品企画
国・行政
法的な規制もあり、支援（助成）もある
関連法規の確認が必要
社長
意志決定者
社長が強い関心を有して社内外に広報することが大きな弾みになる
地域
自治体・地元企業
近隣住民
中小企業にとっては特別な意味合いを持っている
人材供給、資本供給の観点からも重要関係者
仕入先
商品開発の問題点を最もよく知る関係者
第三者を通じてヒアリングすることは重要

3章

テーマを設定する

少し視点を広げ、商品と会社の関係
について考えることで、
深くて強い企画が生まれます。

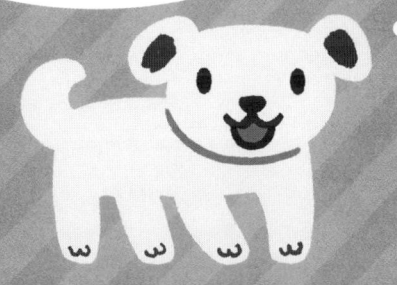

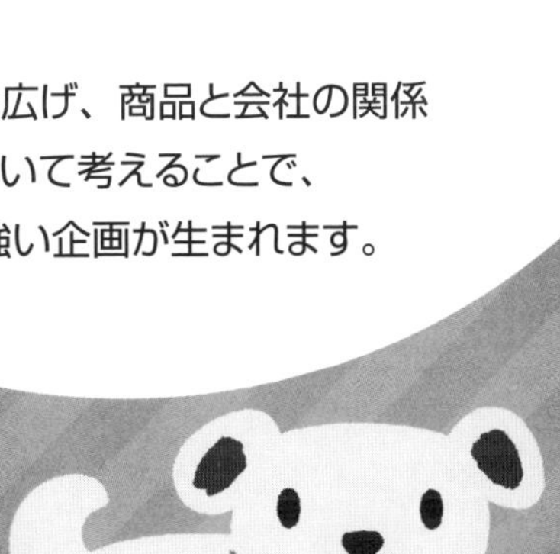

01

自社の強み、弱みから検討する

商品プランを作成する際、どこから始めますか？　「チャンスのありそうな市場を見つける」「顧客ニーズを徹底的に調べる」「自分だったら欲しい性能を考え抜く」など、様々な声が上がってきそうです。しかし、本書では、自社の強みと弱みの分析から始めることをお勧めします。なぜなら、自社の持っている強みを最大限に引き出した商品が、市場で勝ち残る商品だからです。

自社の強みの要素を理解する

通常、自社の強みは「最新技術をつねに保持してきたこと」「全国の張り巡らせた拠点網」「豊富な顧客データ」など、商品とは直接関係ないものが多いはずです。しかし商品を売るためには、商品と市場のほかに、組織、人材、文化、流通、外部ネットワーク、広告・広報など、様々なものが必要です。それらを最大限に活用することで、売れる商品が生まれるのです。自社と市場とを分析することから見えてくる「どのような商品が望ましいのか」という商品像を、商品企画のテーマと呼びます。ここでは、そのテーマの見つけ方を理解しましょう。

SWOT分析図の構造を理解する

商品企画にあたっては、自社の強み、商品の強みをうまく市場機会と組み合わせることが大切です。そのための分析をまとめてできるのがSWOT分析図で、ビジネス開発の作業全般で多用されています。SWOT分析図の作成は、象限ごとに事実にもとづき、自社に該当する内容を書いていきます。この際、漫然と書くのではなく、社長の存在を強みとして取り上げるのであれば、「社長にネームバリューがある」「社長に戦略構想力がある」といった形で具体的に書き込むと強みが特定できるようになります。

市場環境と自社の経営資源

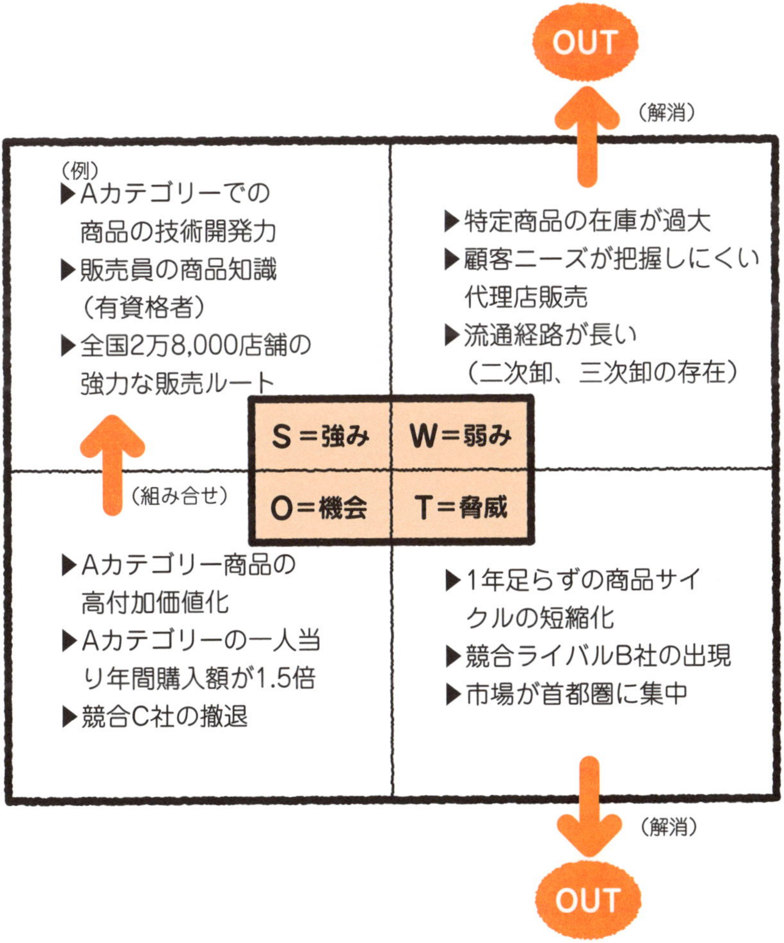

▶SWOTの名称はS（Strengths＝自社の強み）、W（Weaknesses＝弱み）、O（Opportunities＝市場機会）、T（Threats＝市場脅威）の頭文字からとられている

▶SWOTマトリクスを埋めていくことにより、自社の強さ・弱さ、事業機会と脅威を評価する

▶SWOTマトリクスを分析することにより、自社の強さを活用した事業機会の確保および脅威の克服策を立案する

02

SWOT分析の準備①～市場情報

SWOT分析図を作成するには、4C情報と言われる売り方に直接関わる市場情報が必要です。4Cとは「顧客（Customer）」「競合（Competitor）」「流通（Channel）」「自社（Company）」の4つの頭文字のことで、それぞれについて詳しく見ていきます。

【顧客情報】

顧客ニーズの発見こそが商品企画のへそとなります。顧客の顔が浮かぶくらい、顧客ニーズに確信が持てるようになるためには、さまざまな調査が必要となります。愛用者データや顧客満足度調査データなど、社内の顧客データを調べたり、想定顧客にインタビューするのも手です。

【競合情報】

競合情報は差別化目線で情報を集めます。競合の顧客設定やベネフィット設定、その背景にある戦略や経営資源（人、物、金、情報）を調べるとよいでしょう。

【流通情報】

何らかの流通網を通して販売する際には、流通情報が必要になります。流通先が自社よりも交渉力を持っている場合、流通の動きに自社の商品も左右されるので、流通がどのような商品を拡充しようとしているのか、あるいはどのような商品を削ろうとしているかを知る必要がでてきます。

【自社情報】

自社情報では経営資源の把握がとても重要です。商品開発力や販売力の源泉となる人材や組織、拠点網や最新設備、資金力やノウハウ、ブランド力や特許といったものを把握しておくとよいでしょう。

市場情報と4つのC

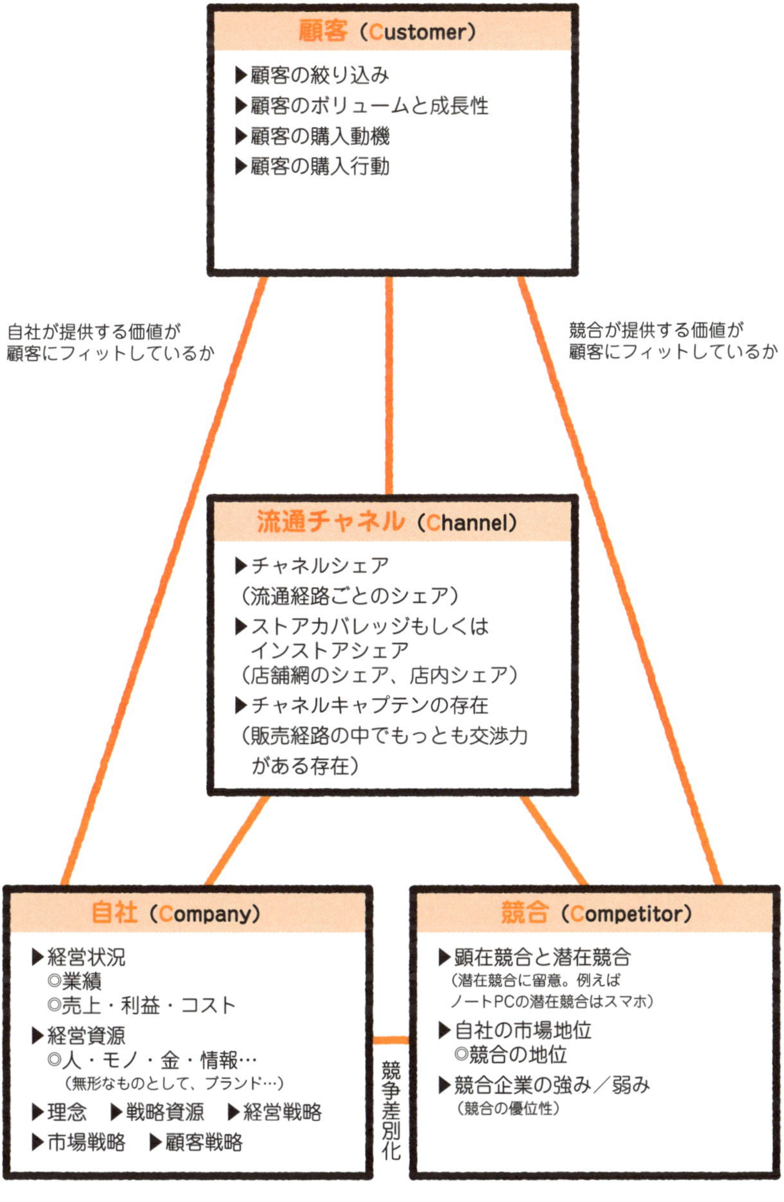
顧客（Customer）
▶顧客の絞り込み
▶顧客のボリュームと成長性
▶顧客の購入動機
▶顧客の購入行動
自社が提供する価値が
顧客にフィットしているか
競合が提供する価値が
顧客にフィットしているか
流通チャネル（Channel）
▶チャネルシェア
（流通経路ごとのシェア）
▶ストアカバレッジもしくは
インストアシェア
（店舗網のシェア、店内シェア）
▶チャネルキャプテンの存在
（販売経路の中でもっとも交渉力
がある存在）
自社（Company）
▶経営状況
◎業績
◎売上・利益・コスト
▶経営資源
◎人・モノ・金・情報…
（無形なものとして、ブランド…）
▶理念　▶戦略資源　▶経営戦略
▶市場戦略　▶顧客戦略
競争差別化
競合（Competitor）
▶顕在競合と潜在競合
（潜在競合に留意。例えば
ノートPCの潜在競合はスマホ）
▶自社の市場地位
◎競合の地位
▶競合企業の強み／弱み
（競合の優位性）

03

SWOT分析の準備②～トレンド

SWOT分析にあたっては、4C情報のほかに「PEST」と呼ばれる社会経済のトレンド情報も集める必要があります。PESTとは「1：政治（Political）」「2：経済（Economical）」「3：技術（Technology）」「4：社会（Social）」動向に関する情報のことで、通常は4Cとセットで調査します。

マクロ情報の必要性

3年から10年先を予測するトレンド情報は一見、商品開発に関係がないように思えますが、競合企業がトレンドを想定した商品を早期に開発して先行したために自社が遅れをとったり、将来予測を怠ったために市場が縮小し事業を衰退させるということがしばしば起こっています。

難しいのは流れが変わるタイミングの判断です。転轍（てんてつ）するという言い方で言われます。印刷物が無くなりタブレットや携帯電話で新聞や雑誌が読まれるようになると10年も前から言われていました。ここ数年、新聞も雑誌もネットで閲覧できるサービスが浸透し日経新聞ではネット閲覧だけの読者が急激に増えています。有料ネット会員の半分が「ネットだけ」の読者になっています。これが一つのタイミングと言えるかもしれません。

予測にあたっては、慎重に判断するためにシンクタンク、大学研究者等の専門家グループが持つ直観的意見や経験的判断を組織的に集約・洗練するデルファイ法等が使われています。

PEST分析の例

分析項目	一般的な分析内容	分析例（製薬業界）	市場への影響
政治的環境 （Political）	▶事業を規制する法令・税制の制定・改廃 ▶政府の経済、金融、環境政策の動向	▶外資の市場参入 ▶政府の医療費抑制政策（健康保険改正、薬価の引下げ） ▶薬事法の改正	▶競争激化、M&A多発 ▶収益率の低下 ▶薬事法の改正に伴う製造の外部化促進
経済的環境 （Economic）	▶産業構造の変化、業界構造の変化 ▶民間設備投資の動向 ▶資源需給動向（原油の価格動向等） ▶労働市場の動向（賃金水準・雇用動向等） ▶個人消費の動向	▶景気の悪化 ▶研究開発費の拡大	▶家庭向薬剤の使用抑制 ▶設備投資額の増大
社会的環境 （Sociological）	▶人口動態の変化（性別・年齢・職業別等） ▶生活スタイルの変化 ▶消費スタイルの変化	▶有病率の高い高齢者、要介護者の増加 ▶自然・健康志向	▶予防医療の事業拡大 ▶健康食品、医薬部外品市場の拡大
技術的環境 （Technological）	▶新技術の開発・新素材の革新 ▶IT、ネット、モバイルの伝達技術の革新	▶医療IT、医療現場ITの進化 ▶ゲノム創薬	▶業務システム投資の増大

SWOT分析の流れ

ここでは実際にSWOT分析を進めるための手順を解説します。まず、下記のような質問を関係するメンバーに投げかけてみてください。

強みについて分析

□現在まで勝ち抜いてきた理由は何ですか？（潜在的なものも含める）

□よく議論に出てくる事項（例：営業力、企画力）は何ですか？（具体的に）

□他社ができないことで自社だけができることは何ですか？

□なぜ、他社がマネできないのですか？（参入の難しさ）

□弱みの裏返しとしての強みは何ですか？

弱みについて分析

□負けた要因、失敗した理由は何ですか？

□強みの裏返しとしての弱みは何ですか？

□他社に負けていると明らかに推定できるものに何がありますか？

□以前は強みだが最近では弱みになったものはありますか？

□以前ほどは力がないと推定できるものは何ですか？

機会／脅威についての分析

□社会的トレンド、業界トレンドとしての機会／脅威は何ですか？

□競合関係の機会／脅威は何ですか？（潜在競合も）

□世代交代や陳腐化の機会／脅威は何ですか？（人事、技術など）

□規制緩和・強化の機会／脅威は何ですか？
（金融等の規制業界の変化、異業種の参入など）

市場環境と自社の経営資源をまとめて分析

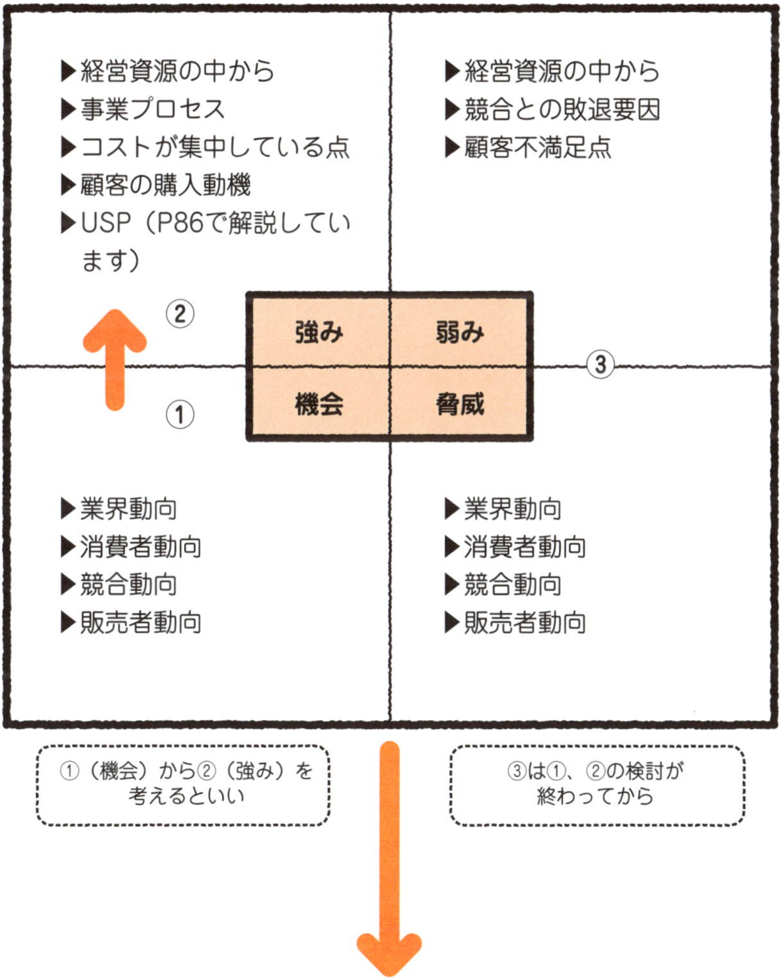

最小投資・最大成果と言える、
投資対効果の高い組み合わせを探します。
つまり、強みを最大化する機会項目を優先的に探します。

05 代表的なSWOT分析技法

SWOT分析で重要なのは、その手順です。どのような手順で分析していくかで、得られる結果も変わってきます。ここでは、いくつかの手順とその結果得られるものを紹介していきます。

分析手法1-1　O↔S分析

市場機会から強みを生かせるものがないかを見るのが最初の分析です。O（機会）からS（強み）を見れば、マーケットイン（市場重視発想）の商品企画アプローチになりますし、S（強み）からO（市場機会）を発想すると、プロダクトアウト（技術重視発想）の商品企画アプローチになります。私は、現在の商品企画ではO→Sのアプローチのほうが優れていると考えています。

分析手法1-2　S↔T、O↔W分析

上記、O→S分析で良い商品企画のテーマが見つかったら、今度は、そのテーマに制約事項がないかを考えます。商品企画そのものが頓挫してしまうような制約事項です。脅威（T）が強み（S）を使っても解消できないとか、機会（O）をつかまえたいのに弱み（W）があるといった分析です。

分析手法2　ライバル分析

SWOT分析は自社の分析だけでなく、ライバル企業の分析にも有効です。ライバル企業のSWOTと自社のSWOTを比較して、自社の弱点が他社の強みになっていないかどうかをチェックしておいたほうが良いでしょう。もしそうなっていると、ライバル企業が同様の商品を出した場合、最悪の結果になってしまいます。

多様なSWOT分析技法

分析手法－1 事業の成長に専心できるケース

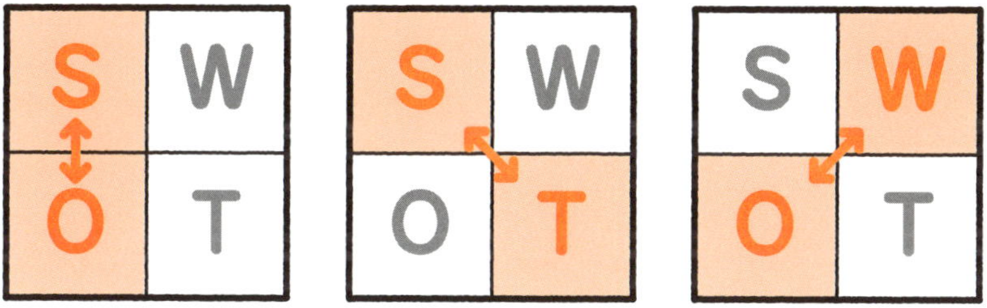

定石中の定石機会を強みに

重大な脅威を強みで打ち消す

事業成長の夢をうち砕く重大な弱み

分析手法－2 強いライバルのいるケース

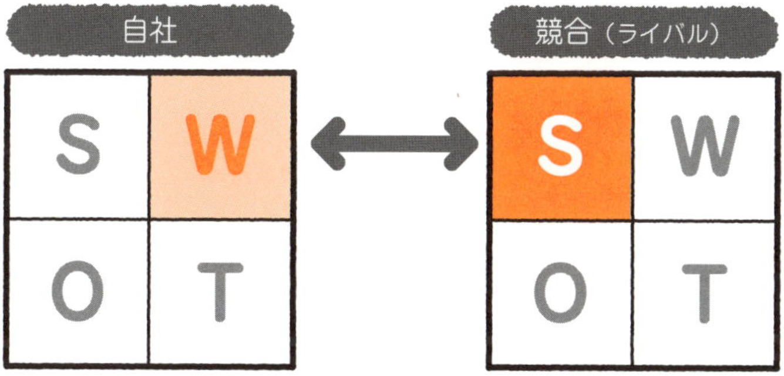

自社の弱い点がライバルにとって強い点であったら、最悪の選択となる（逆の場合も）

06 SWOT会議のコツと具体例

SWOT分析には、複数の立場の人間を介した会議体が効果的です。たとえば営業と技術では立場が異なり、見方や考え方が変わってきます。また責任者レベルの人間だけでなく、新入社員、中途入社員の意見も貴重です。以下に、会議開催にあたってのコツをいくつかご紹介します。

会議開催にあたっては原則を決めておく

SWOT分析の最初の要素出しは、ブレーンストーミングのようなものです。当然、参加メンバー全員に積極的に発言してもらう必要があります。「批判厳禁」「量を求む」「相乗り自由」「自由奔放」というような会議原則を最初に決めておくと良いでしょう。

会議の成果をしっかり記録する

会議の成果を記録するにあたっては、議事録を作成しましょう。議事録は時系列で詳細に記録しましょう。議事録作成者は当番制でも良いと思います。

様々なツールを活用する

大判のポストイットにマジックで各々の意見を書き込んでいくと、あとでグルーピングするときに便利です。また、整理の余裕がない状態であれば、携帯電話などで白板の写真をとり、当面の情報共有に使っても良いでしょう。

会議に参加できないメンバーには事前に意見をもらう

遠方にいて会議に参加できないメンバーが居るときは、質問項目を配布して期限までに書き込んでもらうと良いと思います。

ＳＷＯＴ分析の例

SWOTの4要素の組み合わせ結果を一覧できる「SWOTマトリックス分析」

経営資源の強み・分析 **市場機会の機会と脅威**	**Ｓ（強み）** ▶広範な商材（家庭電気、設備電器） ▶全国に工事メンテナンス体制を持つ ▶関連事業として人材派遣、ネットプロバイダー、出版を持つ ▶全国に１７，０００のメーカ専売店を持つ ▶専売店店主の後継者には意欲のある若手が少数だが存在する	**Ｗ（弱み）** ▶専売店店主の高齢化（平均６０才） ▶家電量販との関係悪化 ▶売りやすいTV,エアコン等大型商材頼り ▶事業部間競争が激しく、事業部横断の商品開発や共同営業の足並みが揃わない ▶個人向には強いが、法人向商品の開発や販売については後発、実績も少ない
Ｏ（機会） ▶来年、介護保険の導入で、在宅介護ビジネスの拡大可能性大 ▶高齢者の独居率の上昇 ▶家庭内でのインターネット利用拡大 ▶携帯電話普及率６０％台に ▶小規模事業の活性化	**ＳＯ分析結果** ▶１７，０００の専売店から介護ショップチェーンを編成。店主も高齢で必要性は理解できるはずだ ▶１７，０００の専売店を、ホームインターネットのための専門店にする **機会最大利用**	**ＷＯ分析結果** ▶高齢な店主でも介護ならばニーズがわかる ▶高齢化でご用聞きニーズが増えることにも対応できる **弱みの強み化**
Ｔ（脅威） ▶化粧品等、各業界で専売店が減少 ▶失業者が３００万人に ▶金融再生法案の可決	**ＳＴ分析結果** ▶業態を変えれば、専業のまま生き残りの可能性あり **強みによる脅威解消**	**ＷＴ分析結果** ▶専売店ルートの衰退化が明確なトレンドになっている（専売店以外のルートも考える必要がある） **ノックアウトファクター（事業の最大リスク）**

4章

誰に売るかを考える

どんな人に買ってほしいのか、
これを具体的にイメージするための
方法を解説します。

01 顧客の絞り込み

「顧客を絞り込む」という言葉は商品企画の現場でよく使われます。特定の顧客（狙った顧客という意味で「ターゲット顧客」と呼びます）に向けてアピールすることで、商品のメリットやメッセージを到達しやすくするのです。商品が提供する価値にたいして、最も購買意欲の高いであろう顧客層を絞りこみます。

絞り込みは絞り込みが広すぎず、狭すぎずに設定します。広すぎるとニーズの特定がしづらくなります。「高齢層のための商品」では広すぎます。アクティブで活動範囲の広い前期高齢者（65歳以上75歳未満）と、行動範囲が狭くなり病気になりやすい後期高齢者（75歳以上）ではニーズが違ってきます。またより狭く設定してしまうと、市場規模が小さくなり事業を維持するほどの売上を確保できなくなってしまいます。登山を趣味にする後期高齢者向けの商品というと市場規模が小さくなりすぎるかもしれず、それは機会損失になります。

効果的な顧客の絞り込み方

1点突破型絞り込み：最も購買意欲の高い層に絞って顧客設定します。確実に顧客層をとっていくという考え方です。

選択的型絞り込み　：購入意欲の高い層を順に開拓していく考え方です。

属性特化型絞り込み：複数の市場の特定層を狙っていく考え方です。各国の高所得層を横断的にする手法などがあります。

市場特化型絞り込み：ある市場の複数の属性を開拓する考え方です。ベトナム市場の高所得層から低所得層まで広く開拓するといった手法です。

フルカバー型絞り込み：一気に複数の属性、市場を開拓する考え方です。競合に参入されないようにすべて抑えるという手法です。

顧客の絞り込みによる市場開発のパターン

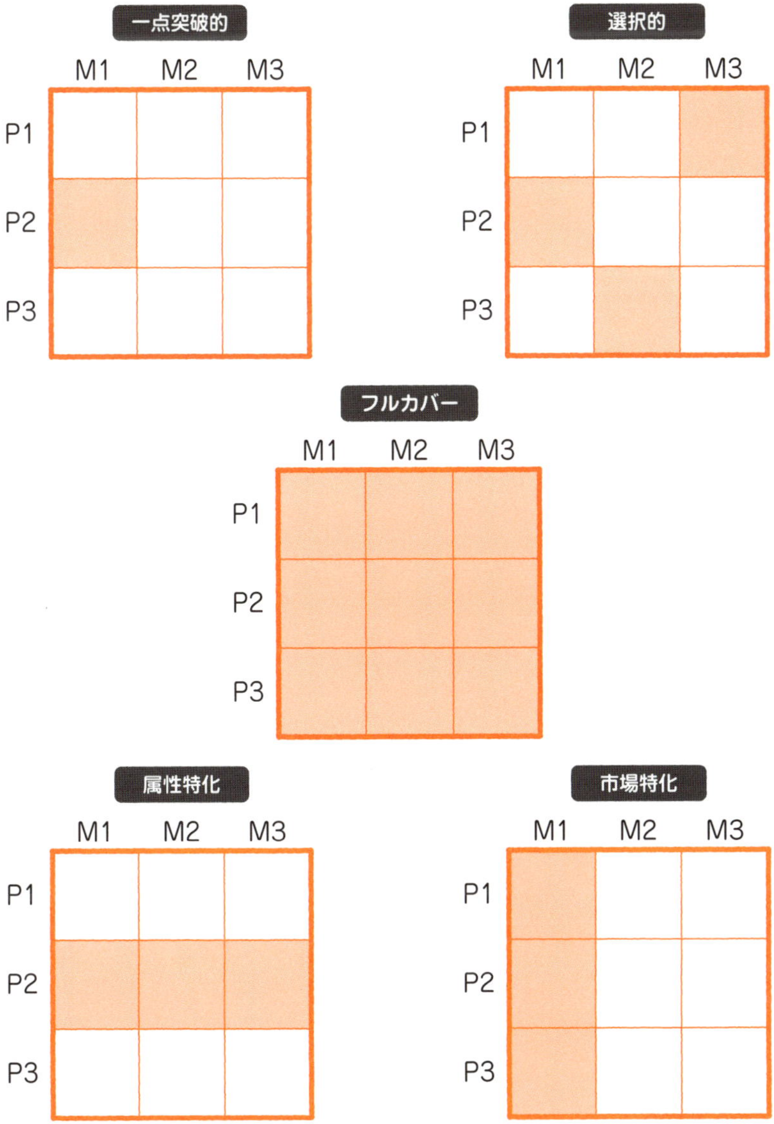

M：市場　P：属性

02 セグメンテーション

ターゲット顧客を語るときに私たちは次のような言い方をします。「首都圏に住んでいる50代の有職女性で、健康志向が強く、健康食品を常時使用している人にこの商品を買ってもらいたい。……」。

この際に私たちは、

●首都圏→地域
●50代→年齢
●有職→職業
●女性→性別
●健康志向→ライフスタイル
●常時使用→購入行動、購入頻度

といった項目で顧客を区分しています。そしてマーケティングでは、通常、これらの区分を以下の四つに分類します。

1. 地域別（住んでいる場所などの地理的・地域的特性）
2. 人口統計別（性別、年齢、所得、家族構成のような統計的な特性）
3. ライフスタイル別（生活の仕方のような特性）
4. 行動別（行動範囲などの特性）

商品によっては、この4項目すべてが必要なわけでありません。しかし、このいずれかの区分を使って、ターゲットとなる対象顧客層を明確にすることになります。

ターゲットセグメンテーション項目

変数（切り口）	セグメントの例	該当する商品の例
1.地理的変数 地方、気候、人口密度	関東、関西など 寒暖、季節など 都市部、郊外、地方など	**季節限定商品** 冬物語（サッポロ） **スーパーセンター** イオン、トライアル
2.人口動態変数 年齢、性別、家族 構成、所得、職業	少年、ヤング、中年、 高齢者など 男、女3000万円以上など 既婚、未婚など ブルーカラー、 ホワイトカラーなど	**女性向けタバコ** バージニアスリム （フィリップ・モリス社） **主婦向け雑誌** STORY **高級車** ベンツ （メルセデスベンツ社）
3.心理的変数 ライフスタイル パーソナリティ	アウトドア、インドア志 向 保守的	**スポーツカムコーダー** HERO3+（GoPro）
4.行動変数 ベネフィット 使用率	経済性、機能性、 プレステージ ノンユーザー、 ライトユーザー、 ヘビーユーザー	**ヘビーユーザープロテイン** ビッグホエイ （バルクスポーツ）
5.製品の使用パターン アプリケーション 最終ユーザー	本体、塗装、触媒など 計算、保管、発表など 建材、容器など	化学物質 表計算ソフト プラスチック

グロービス『ＭＢＡマーケティング』（ダイヤモンド社）を参考に作成

03

顧客ストーリー

ターゲット・シナリオ技法を使う

あなたが作った商品をターゲット顧客がどのように使用するのか、1日、1週間、1ヶ月、1年という時間軸の中で想像すると、消費者があなたの商品にどのような魅力を感じるかが明確になっていきます。こうしたやり方は、小説を書くのに似ていることからターゲット・シナリオ技法と呼ばれます。

シナリオを作るにあたって、特に意識していただきたいのは時間の流れです。ターゲット顧客に適当な名前をつけて、彼（彼女）の起床から就寝までのストーリーをシナリオ化していきます。そして、そのストーリーの中で、商品が何回登場するのか、どのようなシーンで登場するのか、登場した場合にどのようなメリットがあるのか、を記述していきます。

買い手と使い手の違いを頭に入れる

ストーリーの設定にあたっては、買い手と使い手を分けて考えることが非常に重要です。必ず、以下の二つを自問してください。

1. 商品を使ってもらおうと思っているのはどのような層ですか？
2. 商品を買ってもらおうと思っているのはどのような層ですか？

当然ながら、1と2の対象層が異なる場合もあります。子ども向けの商品などはその端的な例です。買い手は父母や祖父母で、使い手は子どもです。この場合には、買い手満足と使い手満足とを区別して考える必要が出てきます。

ターゲット設定シート

（ゼリータイプ健康飲料の場合）

ブランド名	『○○バイタルゼリー』 （ゼリータイプ健康飲料）
製品特長	3時間程度のオフィス作業に必要な栄養素を数分で摂取することができる
性 **年齢** **職業** **学歴** **家族構成** **所得** **地域**	男性 20代のサラリーマン 事務系もしくは営業職 大学卒 単身 年収300万程度、平均的な給与所得者 一人暮らし、健康を管理する者は無く 自分の気持ちの中でも健康の優先順位は低い
ライフスタイル **メディア接触** **行動的特長**	・仕事と余暇を切り分けることができる合理性がある ・休日はスポーツに没頭する。その分平日は深夜近くになることがあるほど仕事人 ・とにかく多忙、仕事の積み残しがあれば食事の時間もない

詳しくプロフィールを書き込むと生活パターンが想定しやすくなる。
ターゲット設定は仮説なので周囲の比較的近い人物像やドラマの人物像を重ねることでリアリティが沸いてくる

ターゲット対象 **（一言でいうと）**	仕事優先でも趣味優先人
ストーリー **（1日）**	（1日の流れ） ・微妙な遅刻も多数あり、起床後急いで出勤 ・仕事は昼もとらずのことが多い ・残業が多いが残業が無い時でも早く帰宅することはない

1日の流れを書いていくとどのような時にニーズがあるかを確認しやすくなる

使用シーン	寝坊した時の朝飯と、昼過ぎには次の打ち合わせがあって昼飯抜きの時
購入シーン	朝コンビニに寄って、昼も必要になるかもと予備にもう一つ購入

5章

顧客を調査する

ネットの普及に伴いリサーチの方法も
大きく変わりました。
スマートな調査を試みましょう。

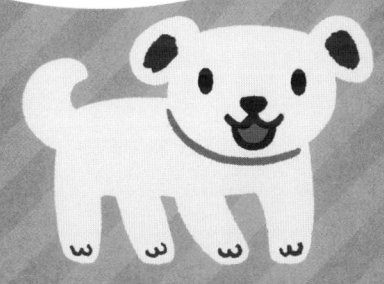

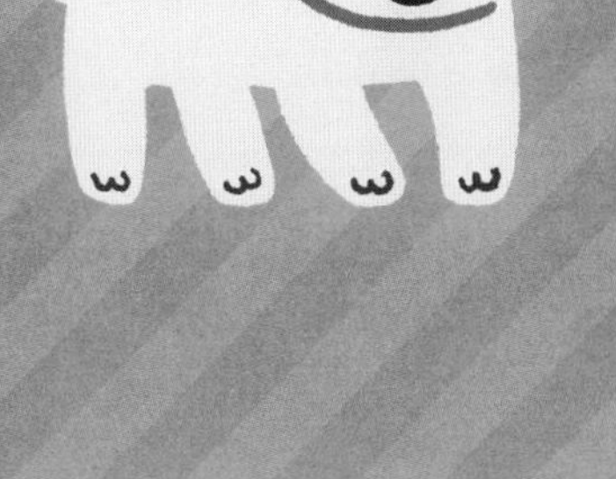

いろいろな調査方法

調査というのはお金と時間がかかるものです。できればこの手間を省いて商品企画を進めたいと考える方もいらっしゃると思います。

しかし結論から言えば、調査は商品企画において欠かせません。それは、絞り込んだターゲット顧客層が本当にその商品を欲しがるのかの納得感を高めるために欠かせないからです。この調査のステップを経てはじめて、安心して商品企画を進めることができるのです。

どのようなニーズがあるか総合的に知りたい…仮説発見型調査

顧客のニーズが見えないときに多様な顧客ニーズを探索するのが仮説発見型調査です。グループインタビュー調査（集団面接法）やインタビュー調査（面接法）といった定性的な調査手法を使って調べます。調査の場で自由に意見を言ってもらうことで、ニーズを明らかにしていきます。個人に対する調査であれば、聞き出し役のインタビュアーの腕が大きく影響します。インタビュアーは調査対象と比較的年齢層が近く、しかも慣れている方をアサインしましょう。

ニーズの分布をはかりたい…仮説検証型調査

調査は、仮説の検証にも使われます。その仮説が正しいかどうかを、アンケートのような定量調査で調べるのです。その際、まず何%のターゲットが「商品を買いたい」と言っているかを明確にします。さらに、どのような条件があると商品の購買意向が高まるかを検証します。とかく「すぐにでも買いたい層10%」＋「買ってもよい層 30%」＝「購入したい層 40%」と考えてしまいがちですが、この場合の「買ってもよい」は、どちらでもないと同義かもしれないので要注意です。私であれば「購入したい層」は10%と考えます。

調査体系図

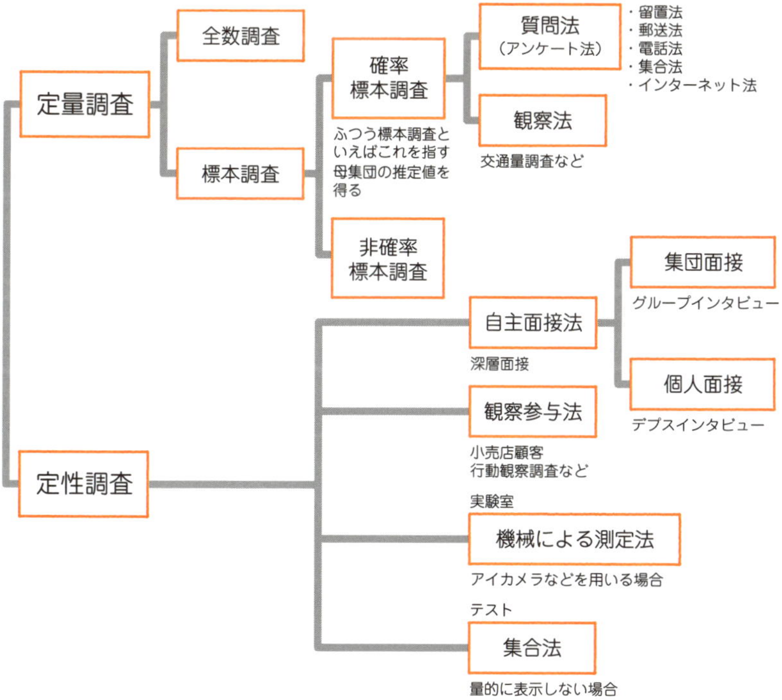

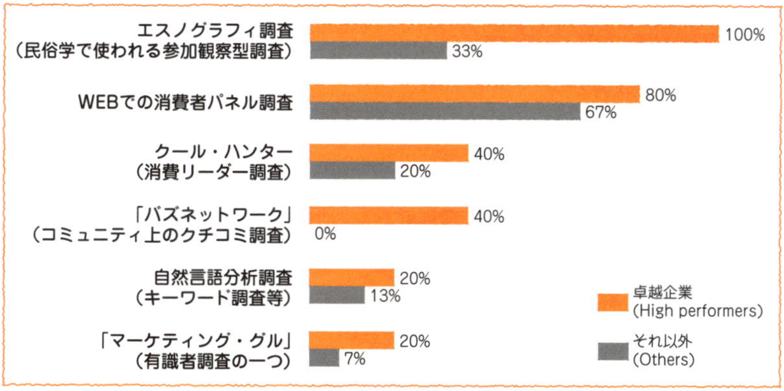

卓越企業が採用している新しい調査手法
出所：“How consumer goods companies are coping with complexity”, McKinsey Quarterly MAY2007

02 グループインタビュー

グループインタビュー調査では、聞くべきポイントを五つ程度用意します。次のような実施上のポイントに注意するとうまく成果を出すことができます。

質問に流れを作り、質問をぶつ切りにしない

「商品の満足度について聞かせてください」→「満足した点は？」→「満足を誰かに伝えました？」→「不満な点は？」→「どうして不満なの？」というように深堀り型の質問をしましょう。これだと、話がどんどん乗ってきて普段の会話のようにしゃべることができます。逆に、「商品の特徴についてどう思いますか」→「競合品はどう思いますか」→「店舗はどう思いますか」とバラバラに質問していくと、インタビューを受ける人たちは話にのりにくい状態になります。

対象者に合わせて同年代のモデレータ（司会）を用意する

年齢層は近づけたほうが生活実態にあった深い聞き出しができます。またモデレータ（司会）で調査の質が決まるので、司会をやった経験のある人のほうが望ましいと思います。

許可を取った上でインタビューの様子をビデオ撮影する

後で表情やしぐさを見ると意見の信頼性や関心の度合いを見ることができます。ミラールームがあってリアルタイムに参加者を観察できる場合もあります。

後で記録を整理できるように書記を用意する

重要な資料になるので、必ず記録はとりましょう。速記のように早く記録できる人がよいでしょう。

グループインタビューのコツ

■インタビュー前に質問票をつくる

▶5項目ぐらい（時間配分のために）
▶取材時間は1～2時間
　オープン・クエスチョンか
　クローズド・クエスチョンか※

※オープンクエスチョンは自由に意見を求めること。
　クローズドクエスチョンは設問を決めて質問すること。

■直前の準備

▶記録担当をつける
▶録音機器の準備
▶謝礼の準備
（領収書用に印鑑を事前に持参して頂く）
▶飲み物やお菓子の用意

■話の切り出し方

- 丁寧すぎるくらいでいい（初対面）
- 「今日は貴重な時間をおとりいただきありがとうございます」と感謝
- 取材の主旨について伝える
- 何時までよいのかをまず確認する

■あいづちの打ち方

- 「いいですね、うらやましいですね」
- 「おっしゃるとおりですね」
- 「さすがですね」
- 「困りましたね」
- 「冗談でしょう、信じられない、ほんとうですか」
- 「それでどうなりましたか」

■テープに録音するために発言者名を読み上げる

■なるべく細かく具体的に

- 「　　」というのはどういう意味ですか（定義）
- 今のお話をもう少し詳しく教えていただけないですか
- 「（こちらの仮説）」をどう思われますか
- 簡単な質問から難しい質問へ
（口を滑らかに→警戒心の強い人は特に）

■感謝の言葉をそえてお見送りを

●取材の後に

◎すぐにメモの見直しを
◎記録は会話順に→加工せずに淡々と
◎完全なテープ起こしができれば価値あるデータ

アンケート調査

03

アンケート調査の意味合い

定量調査の代表であるアンケート調査（質問紙調査）は、最もよく使われる調査手法でしょう。事実や意見の分布、つまりどれくらいの割合の対象顧客が購入意向などを持っているかを把握し、商品化の意思決定に役立てます。

定量調査と定性調査は組み合わせて利用します。まずはグループインタビュー調査のような定性調査で対象顧客層の多様な意見を抽出し、つぎにアンケート調査（定量調査）でその意見の分布つまり割合をみるというのがよくある分析の流れです。

インターネット調査会社の登場で調査費用はずいぶん安くなりました。その分調査を気軽に実施することができるようになってきています。できればインタビュー調査を前もっておこなって意見の広がりをみてからアンケートに取り組むとリアリティのある調査になります。

アンケート調査の注意点

アンケート（質問紙）調査の質問は大きくわけて選択式と自由回答欄によるものとがあります。注意しないといけないのは、意見や感想といった意識を聞く場合です。この場合、感覚尺度にもとづいて意見を聞き出す必要があります。感覚尺度には五段階方式と三段階方式があり、三段階の方がやや極端な意見が出やすくなります。また、アンケート表の最後に「その他、本調査に限らず自由にご意見を書いてください」という欄を設けてください。商品や企業に対して大きな不満や期待などを聞くためです。

典型的なアンケート調査の内容

お客様各位

日頃当マッサージルームをご利用いただき、まことにありがとうございます。

このたび、当マッサージルームでは、皆様にサービスなどについてお気づきの点をお聞かせいただくために、アンケートを企画致しました。

今後お客様により一層ご満足いただけるように努めてまいりたいと思っております。お忙しいところを恐縮ですが、率直なご意見をお聞かせください。

調査挨拶文

あなたご自身についておうかがいします。

1 あなたの年齢をお教えください。

1. 19歳以下
2. 20～24歳
3. 25～29歳
4. 30～34歳
5. 35歳以上

2 あなたのご職業は何ですか。

1. 正社員・正職員

属性

特別のことわりがきがない時には、○をひとつつけて下さい。

始めに、ご来店の状況についてお伺いします。

問1 あなたが、通っていらっしゃるコースは以下のうちどれですか。
（いくつでも○をおつけ下さい）

1. 10分コース
2. 20分コース
3. 30分コース
4. 全身コース（60分）

問2
あなたが通っていらっしゃ

1. A店

調査本文（消費行動）

当ルームの技術やサービスについて、日頃どのようにお感じでしょうか。次の各項目について、1～5までの5段階でご意見をお聞かせ下さい。

カウンセリングについて

始めに、ご来店の状況についてお伺いします。

	十分	まあ十分	どちらともいえない	やや不十分	不十分
問5 コースについての説明は、十分に行われましたか。	5	4	3	2	1
問6 料金の説明は十分でしたか。	5	4	3	2	1

調査本文（消費者意識）

意識感覚を調査する5段階方式の感覚尺度法

6章

コンセプトを練り上げる

製品そのものだけではなく、
周辺にある価値を含めた総合力で
勝負する方法を解説します。

便益（ベネフィット）

「コンセプト（concept）」とは直訳すると「概念」ですが、商品企画では「全体像」あるいは「核」を意味します。要は、顧客を含めた関係者に伝えるキーワードとして重要な役割を果たすのがコンセプトになります。コンセプトは「①誰が」「②どのようなシーンで」「③どのような便益を」感じるかの3要素で構成されています。その中で最も重要なのが便益（ベネフィット）部分です。便益は「便利」と「有益」の二つで構成されています。商品企画では頻繁に使われる用語ですが、正しく理解されていないことが多いようです。ここで簡単に説明しておきます。

便益とは何か

たとえばここに消しゴムが先頭についている鉛筆があるとします。この鉛筆の特徴と便益はそれぞれ

特長→〈消しゴム付き鉛筆〉
便益→〈受験の際に消しゴムを探さなくていい鉛筆＝受験生用鉛筆〉

となります。こうして比較すると、便益が顧客のニーズを喚起することがおわかりいただけると思います。また便益には、機能的便益と情緒的便益という2種類が存在します。上の例で言うならば、「消しゴムを探さなくてもよい」「手間が省ける」というのが機能的便益であり、「受験の時に安心（落ち着いて臨める）」というのが情緒的（心理的）便益です。この二つをきちんと区別し、明確化しておくことによって、コンセプトの設定がわかりやすくなります。右図は、各社の代表的な商品の特長と便益を一覧にしたものです。便益の設定には、きちんとターゲット顧客を設定しなくてはならないことに注意してください。

特長と便益の違い

商品	特長 →	ベネフィット	← ターゲット
ハイブリッド車 「プリウス」 トヨタ	▶ ハイブリッドエンジン	▶ 燃費が経済的 ▶ 環境に貢献しているという満足感 ▶ 先進のものを使うという優越心	▶ 環境への関心者
「ポカリスエット」 大塚製薬	▶ 体液に近い成分 ▶ イオン飲料	▶ 運動直後の失われた水分の迅速な供給	▶ スポーツ愛好者
栄養補助食品 「ウイダーインゼリー」 森永製菓	▶ ビタミン等の栄養分をゼリーにした	▶ 迅速な栄養補給 ▶ およそご飯一杯分の栄養でその場をしのぐ	▶ 朝食を食べない人 ▶ 忙しくて食事が不規則な人
「カーマイペットベガ」 花王	▶ 洗浄剤を不織布にしみこませたもの	▶ 水なし洗車 ▶ 手軽に洗車 ▶ お出かけ前の気軽さ	▶ 女性ドライバー
生命力化粧品 「アユーラ」 資生堂	▶ 和漢の植物エキスとハーブ等の西洋植物エキスの融合	▶ 和洋の英知からホリスティックなお肌と心の改善ができる ▶ 対話と体感の販売 ▶（五感カウンセリング）	▶ コンプレックススキンの現代の女性

斉藤嘉則『戦略シナリオ』より引用・一部改変

02 多様なベネフィット

商品便益を選ぶ

多機能・高性能が顧客にとっての幸せであると考えていた時代があります。多機能主義の最たるものが「全部入り」というコンセプトですが、消費者は使わないかもしれない機能に高額の費用をかけなくなっています。

最も高い便益に集中してお金をかけるというのが「ワン・シング」「シンプリズム」という考え方です。「吸引力が落ちない掃除機」「油を使わない揚げ物器」といった最も大切な便益だけをいう考え方です。多様な便益のなかでほんとうに顧客に喜ばれる便益を選び出し、集中してアピールするようにしましょう。

顧客の便益感が変化している

顧客の便益感が感性的、感情的に変わってきたと言われます。情緒的便益と言われ、大きく３つに分類して考えます。アップル製品を例に説明します。

１つは「感覚的便益」。デザインがよい、マックを持つ自分はかっこいいという感情です。

２つめは「社会的便益」。世界ではじめてパーソナルコンピュータを創った会社のものだとかスティーブ・ジョブスに憧れる感情です。

３つめは「文化的便益」。自分もクリエータが多いアップルファンの仲間の一人だという感情です。

情緒的便益は、形のない印象の積み重ねでできるもので、ブランディング活動を十分にやってこそできるものです。また、最近では商品そのものよりも商品の提供のしかたが便益になっています。B2Bでソリューションと言われるもので、この便益は商品での差別化が難しい昨今、頻出しています。

新しい便益群

プロダクト便益		ソリューション便益
機能的便益	有用性、利便性、耐久性（例：１クリック、防水）	ワンストップ便益（なんでも手に入る）
経済的便益	価格や費用対効果(CP)（例：フリー、100円均一）	カスタマイゼーション便益（特注できる）
感覚的便益	形や色の嗜好性、審美性（例：自分らしさ、お墨付）	ジャストタイミング便益（欲しい時手に入る）
社会的便益	ステータス（例：資産家、血統）	パッケージ便益（簡単パック、入門パック）
文化的便益	特定の集団、組織内での重要性（例：Mac Fanだけの）	マッチング便益（多様な商品・サービスを探してくれる）

03 コンセプトの構造

商品コンセプトは、「1．誰に（Target）」「2．どのような使用・購入シーンで（Occasion）」「3．どのような便益を（Benefit）」の三つの要素で構成されています。ここでは、アサヒの『ワンダ・モーニングショット』を例に理解していきましょう。

ワンダ・モーニングショットの商品コンセプト

缶コーヒーの分野で革新的なコンセプトを作ったのがアサヒの『ワンダ・モーニングショット』です。従来のフレーバー（味）中心のコンセプト展開から、朝というシーン中心展開へと転換を果たした商品です。

1. **誰に**＝サラリーマンに
2. **どのような使用シーンで**＝毎日の習慣としてオフィスで
   どのような購買シーンで＝オフィスに到着する前の自販機やコンビニで
3. **どのような便益を**＝毎日のことなのであまり主張のないすっきりとした味わい

缶コーヒー業界は長い間、「味」を差別化の道具にして新製品開発が行われていました。味は習慣性があるものですから、後発メーカーのアサヒにとって差別化の難しい業界です。その中ででてきたのが朝専用という「シーン切り」のキーワードです。調べてみると缶コーヒーの40％が朝飲まれていること、「目が覚める」「始業前に気合を入れたい」という情緒的ベネフィットがあることがわかりシーンで差別化で挑戦することになりました。シーン・マーケティングという技法です。2002年発売以来、毎年3000万ケース以上販売されている定番商品です。

コンセプトとポジショニング

（従来の競争ポジション）

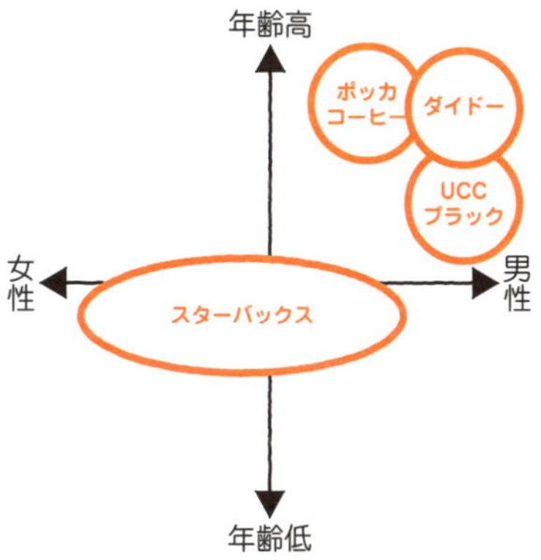

顧客軸マトリックス

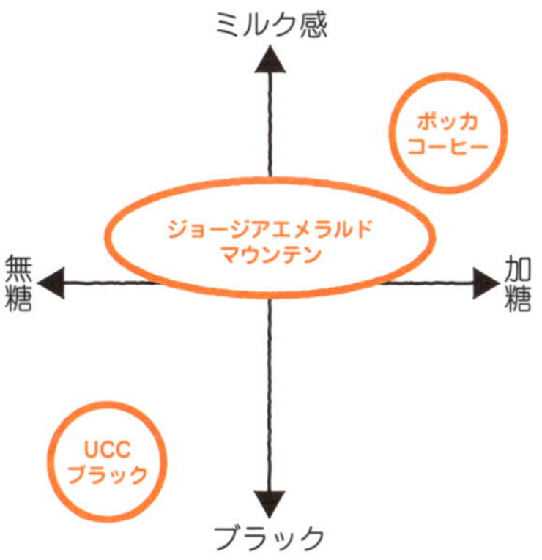

味軸マトリックス

（自社の競争ポジション）

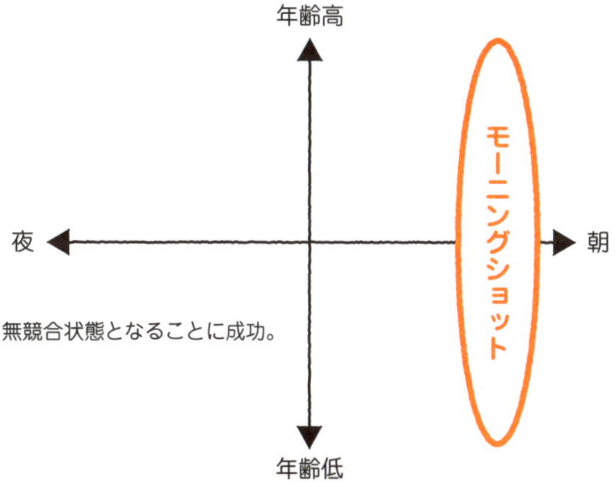

無競合状態となることに成功。

アサヒ飲料が描いたマトリックス図

<ワンダ・モーニングショットの例でいうと>

▶朝からデスクワークの多いサラリーマン

▶出勤途中のコンビニで
▶オフィスのデスクで
▶始業前に気合いを入れるため
▶眠くて重い頭に活を入れる
▶やる気を出す儀式のように

▶「スッと飲めて、キリッと苦味。」
▶カフェインも多め

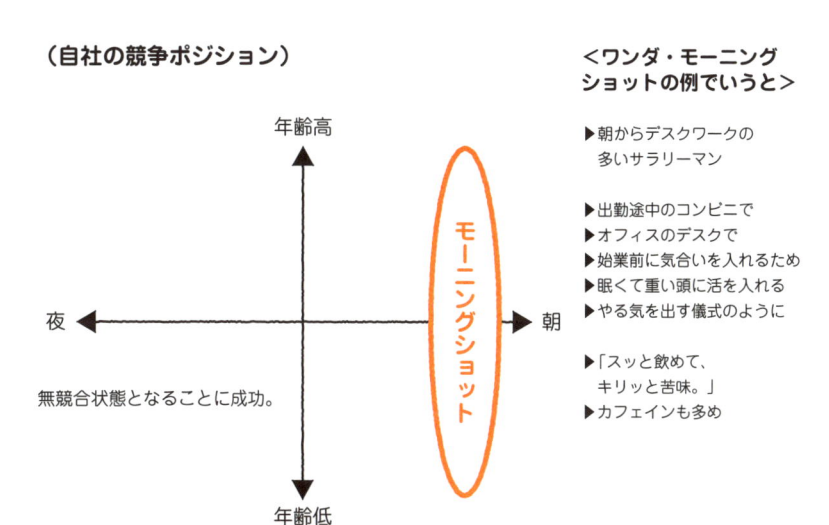

04

コンセプトの入れ替えによる市場創造

コンセプトを変えると別の商品に生まれ変わる

P&Gが手がける消臭剤ファブリーズは、日本市場に導入される以前はカーペット用の消臭剤でした。自宅で靴を履いたまま生活したり大きい犬を自宅で飼ったりするアメリカ人の生活ではカーペットの臭いとりは大きなニーズです。ところが日本では靴を脱いで生活します、畳やフローリングで生活する方が多い。カーペット用というコンセプトのままでは市場拡大しにくいことから、部屋用消臭剤というコンセプトで発売し成功しました。コンセプトを変えることで市場導入を果たし100億円の売上をあげる商品にしました。

- ●クルマ用ファブリーズ
- ●トイレ用ファブリーズ
- ●衣服（布）用ファブリーズ

と中身を大きく変えずに市場拡大しています。用途つまりコンセプトを買えることで事業を伸ばしているわけです。

コンセプトを守りぬく商品もあります

もちろん、商品コンセプトは変えなくてはならないものではありません。発売当時からのコンセプトを守り抜くことによって、顧客に愛され続けている商品もあります。たとえば、バファリンです。「胃に優しくて早く効く」というコンセプトは現在でも、バファリンのサイト、CM、雑誌広告で昔と同様に見ることができます。この商品コンセプトは、20年以上にわたって守り続けられているわけです。

コンセプトチェンジ例

カーペット消臭剤のコンセプト

項目	ケース#1	ケース#2	ケース#3
①ターゲット消費者	主婦（夫）	家族全員	主婦（夫）
②消費者ベネフィット	・焼き肉等の料理の臭い取り ・ソファーの臭い取り ・カーペットの臭い取り	・トイレや子ども部屋などの各部屋の臭い取り ・自動車室内の臭い取り	外出先でのタバコの臭い取り
③使用シーン	料理やパーティーのあと	それぞれの部屋固有の臭いが気になる時	玄関先で臭いが気になる時
④商品コンセプト	リビング用消臭剤	室内用消臭剤	衣服用消臭剤

05 ヒトコト化

　コンセプトの一言化（コンセプトネーム作り）はとてもクリエイティブな作業と言えます。ばらばらに表現されている三要素を一言でキーワードにすることで消費者にも流通関係者にも浸透しやすくするのです。『キットカット』というネスレのチョコレート菓子がよい例です。『一息つこうよ（Have a break !）』というメッセージで幼児からおとなまで広い顧客層をもった商品です。

　そのキットカットがなぜか1、2月になると30％も売上が伸びます。調べてみると受験生や受験生の親、関係者が験（げん）担ぎで大量に買っていることがわかりました。鹿児島では「きっと勝っど」という方言に近いことからスーパーで特設売り場を設けるほどになっており全国調べてみると予備校講師が受験生にキットカットを配っている事例も出てきていました。ネスレの高岡社長はこの現象を全国規模の販促へと拡大させるために一言化（コンセプト化）を試みるわけです。

●受験生を応援したい家族や関係者が（Target）
●受験直前に（Occasion）
●頭を活性化するために糖質をとる（Benefit）

　お守りであり、また受験生本人の頭脳が活性でき、しかもだれでもプレゼントできるほど手軽な価格でありと、複数のベネフィットを持ちつつ「受験生応援チョコ」というコンセプトを固めていきました。

　高岡社長はいきなり広告宣伝せずに、受験生の宿泊するホテルに満開の桜の絵ハガキと一緒に配ってもらう等をして噂が噂を呼ぶようにしました。今では受験生の験担ぎ2位にランキングする定番商品になっています。

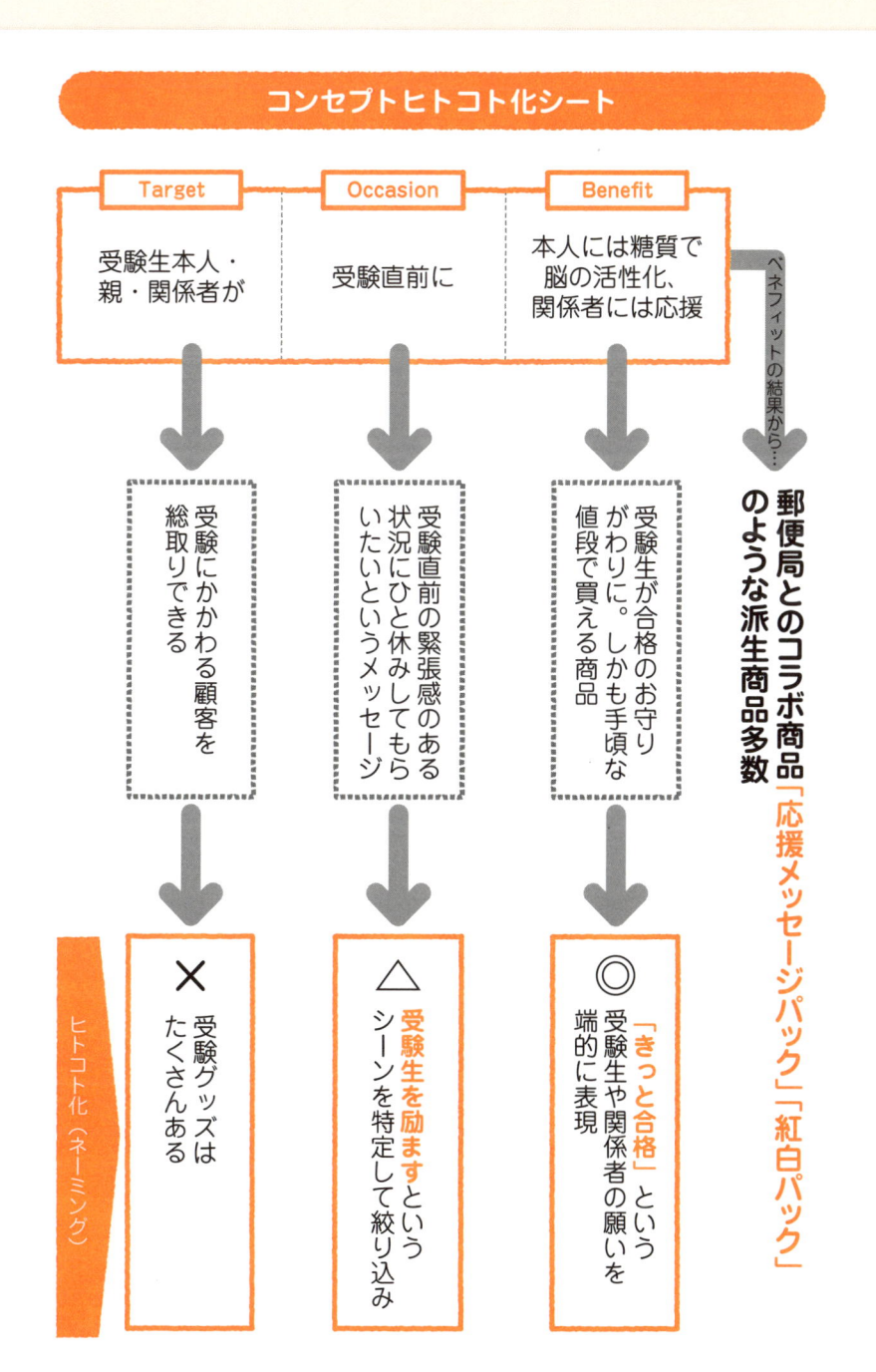

コンセプトヒトコト化シート

	Target	Occasion	Benefit
	受験生本人・親・関係者が	受験直前に	本人には糖質で脳の活性化、関係者には応援
	受験にかかわる顧客を総取りできる	受験直前の緊張感のある状況にひと休みしてもらいたいというメッセージ	受験生が合格のお守りがわりに。しかも手頃な値段で買える商品
ヒトコト化（ネーミング）	× 受験グッズはたくさんある	△ **受験生を励ます**というシーンを特定して絞り込み	◎ **「きっと合格」**という受験生や関係者の願いを端的に表現

ベネフィットの結果から…

郵便局とのコラボ商品のような派生商品多数
「応援メッセージパック」「紅白パック」

06 ブランドネーミング

ブランドを印象づけるために重要なネーミング

商品のユニークネスを強くお客さまに印象づける手法としてブランド化（ブランディング）があります。ブランド化とは、ブランドの要素である、ネーミング（名前）、パッケージ、ロゴデザイン、キャラクター等を印象づけることを言います。

中でも最も強く記憶に残るのはネーミングだと言われています（右図参照）。

ネーミングの手法を理解しよう

ネーミング手法の一つに言葉の組み合わせがあります。歯磨き粉のクリアクリーンのように一語一語は単純な言葉でも、それを組み合わせて造語することによって、強く印象に残るようになります。ちなみに、ユニクロは「ユニーク」と「クローズ」を掛け合わせて短くしたネーミングです。

ある特別な意味をもつ単語の頭文字だけをとるというのも、有効な手法です。たとえば、IBMという社名はインターナショナル・ビジネス・マシンの頭文字から取っています。また外国語から取るのも有効ですね。特にラテン語はネーミングの宝庫です。ソニーや英会話のNOVAもラテン語から社名を取っています。

いずれにせよ、ネーミングには時間をかけたほうがよいでしょう。ネーミング専門の会社や、50～100案程度の素案を受け取って少数案に絞り込んで商標登録可能かどうかをチェックする会社もあるほどです。予算を割けるようであれば、専門家に依頼することも検討してください。

ブランド要素インパクト

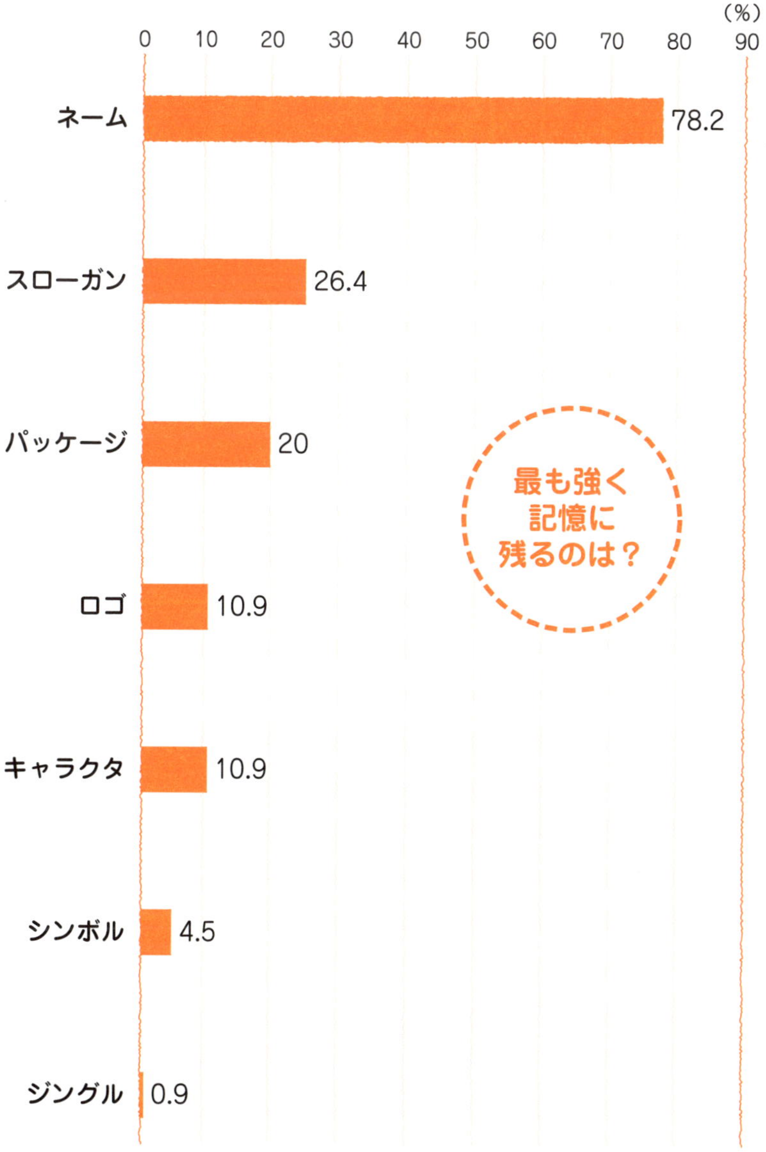

07

需要を試算する

コンセプトは需要見込みと直結する

ターゲットが特定でき、ベネフィットが明らかになると需要見込みが立てやすくなります。ターゲットが人口統計的に設定してあれば、該当する人口規模がわかります。たとえば昭和22年～24年生まれの人口帯を団塊の世代と呼びますが、その人口規模は800万です。この800万に対しての商品の購入意向率を無作為抽出アンケートで調査し、たとえば50%の対象者に購入意向があるとすると、400万の見込み客を想定できます。この数値に流通の利用率や広告媒体の接触率をかけ合わせればおよその需要見込みが可能となるわけです。

よく使われる需要見込用の尺度

以下に、よく使われる需要見込用の尺度を記しました。参考にしてください。

□セグメント人口規模（総務省統計局のサイトでみてください）

□購入意向度（ターゲット対象のアンケート結果）

□競合度（自社シェア）

□流通利用度（ターゲット対象のアンケートからどのような流通を利用しているかを特定）

□媒体接触度（いつもどのような新聞やテレビを見ているか）

どの変数をとるべきかを考える

あくまでも推定ですが、このコンセプトでどの程度需要が見込めるかがわかります。需要規模が小さいと判断した場合ターゲットを変えるべきか、ベネフィットを変えるべきか、流通を拡大すべきかといった思考操作ができます。

需要見込みの作り方

需要見込み＝

セグメント人口 × 購入意向率 × 競合指数 ×

購入単価 × 頻度

事例　ゼリー飲料需要見込み＝

800万人 × 0.3 × 0.1 ×

Ｙ世代
75年～85年生
1800万人

アンケート調査で
買いたいと書いた率
（購入意向率）

ゼリー飲料市場
における想定シェア
10％

購入単価 × 頻度

単価200円

月5個購入×12ヶ月
＝60個

↓

年間売上

28.8億

7章

ポジションを決める

お客さんの頭の中であなたの商品は
どう映っているでしょうか?
違いをしっかり伝えるコツを解説します。

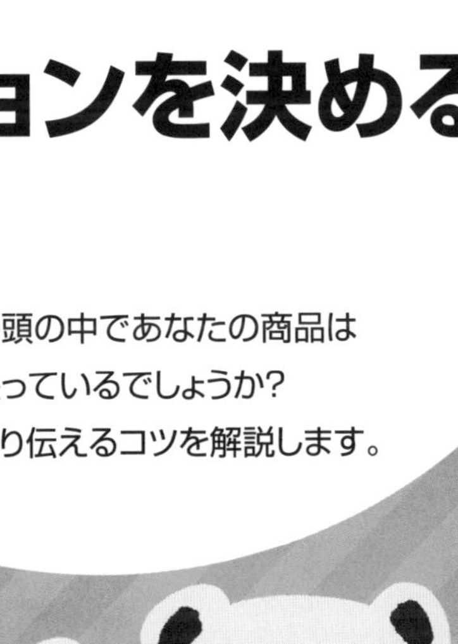

ポジショニング

01

商品企画競争が激しく、商品の違いがわかりにくくなっている

　現在、商品企画競争は激化しており、類似商品がたくさんあるため、消費者はその違いを認識せずに買っている可能性があります。逆に言えば、顧客に商品の違いを明確にアピールすることができれば、その商品の購入を促進することもできます。こうした商品の違いを明確にアピールするためのポイントを、広告業界ではユニーク・セリング・プロポジション（USP）、自社にしかない差別化のポイントと呼んでいます。競争の激しい市場ではコンセプトも重要ですが、このUSPの見せ方に最も重点が置かれます。

コンセプトとポジショニングはセットで作る

　私は、コンセプトとポジショニングはセットであると考えています。コンセプトは消費者の便益（役立ち感）を明らかにすることで顧客をひきつけ、ポジショニングは競合品との違いを明らかにすることで顧客をひきつけます。この両方の要素をセットで考えることで、より顧客に訴えかけることができるわけです。なお、ポジショニングだけで顧客の印象を強めようとする企業もありますが、差別化されたポイントが顧客の役立ち感につながらなければ、結局、買う意欲はなくなってしまいます。

競合と戦う（共存する）ためにポジショニングマップを作ろう

　差別化のポイントを見ただけでわかるようにするのがポジショニングマップ技法です。タテ軸、ヨコ軸にベネフィット等を入れて、自社商品、競合商品を位置づけます。

ポジショニングの仕方

参入前のポジショニング（ノンアルコールビール2011年）

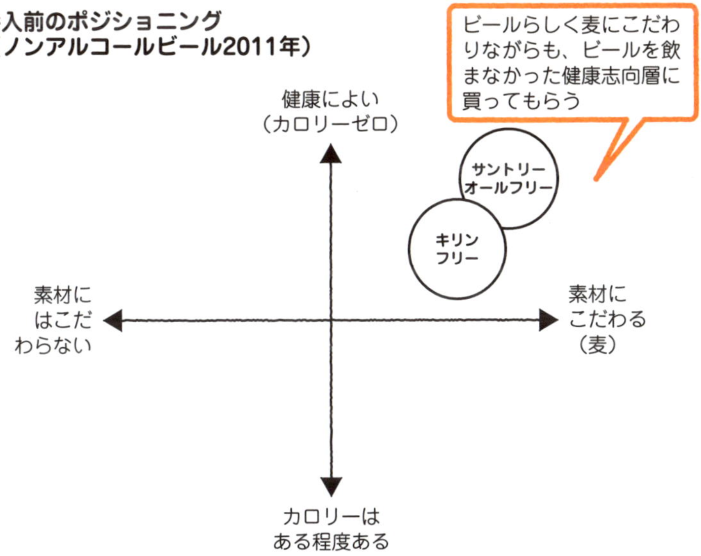

参入後のポジショニング（ノンアルコールビール2012年）

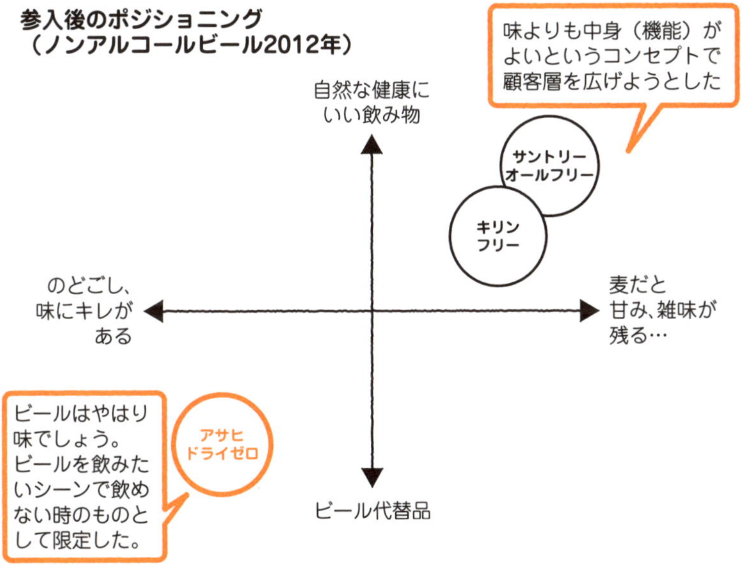

02 軸のパターン

ポジショニング尺度表を使って、タテ軸、ヨコ軸を決める

ポジショニングマップを作るには、ポジショニング尺度表が必要です。以下に、手順を示します。

1. 縦軸、横軸には自社の商品のセールスポイントになるようなベネフィット要素等を置きます。このとき、想定顧客が頭の中で思い浮かべるであろうシーンや便益がセールスポイントになっていると、より良いポジショニングになります
2. ポジショニングの軸を、ポジショニング尺度一覧表にあるような「ヘビーな利用←→ライトな利用」「個人的←→社会的」といった対照的な軸にします
3. 自社がもっとも鮮明に差別化されるように、軸を何度か作り直します
4. 0地点からのプラスマイナスの最大値を決めます（厳密にいえば数値尺度が入るべきですが）
5. タテ・ヨコの最大値との相対値で自社商品を位置づけます
6. 売上規模を相対化するために、規模に応じて円の大きさを決めます
7. 同じ尺度のポジショニングマップを複数の人に作ってもらい、最終的にもっと適切なマップを作り上げます

現状のマップと将来のマップ

ポジショニングマップは、現状と戦略展開後のものの2種類を作ります。現状のマップはあくまで現状分析のために、展開マップは商品投入後にそのマップがどうなるかを確認するために作ります。

代表的なポジショニング尺度

商品ベネフィットによる基準	▶合理的←→遊び ▶シンプル←→リッチ ▶素朴←→洗練 ▶コンパクト←→ワイド ▶機能的←→感覚的 ▶安全←→おいしい ▶高価格←→低価格	▶スピーディー←→スロー ▶健康的←→美味的 ▶多機能←→単機能 ▶一般的←→専門的 ▶普及品←→稀少品 ▶使用満足←→保有満足 ▶機能優位←→ステータスシンボル
訴求対象	▶男←→女 ▶高所得←→低所得 ▶子供←→大人 ▶父←→母 ▶10代←→20代 ▶ヘビーユーザー←→ライトユーザー	▶有職←→無職 ▶ヘビー←→ライト ▶オピニオンリーダー←→フォロワー ▶初期導入←→遅延導入 ▶ブランド←→コモディティ ▶世帯主←→扶養者
商品イメージによる基準	▶柔らかい←→固い ▶ヘビー←→ライト ▶楽観←→悲観 ▶淡泊←→濃厚 ▶ハード←→ソフト ▶まろやか←→刺激的 ▶積極←→消極	▶単純←→複雑 ▶明るい←→暗い ▶整然←→複雑 ▶伝統←→流行 ▶安定←→変化 ▶革新←→保守 ▶アジア←→欧米 ▶静的←→動的

ポジショニング戦略

ここでは、ポジショニングマップの特別な作り方を二つ、ご紹介しましょう。以下のような戦略が必要な企業は特にこのページを参照してください。

1. より本格的な競合とのイメージ差別化を行う場合
2. 機能性能に差がなくブランドイメージで差をつけなければならない場合
3. サービス業の場合

などは以下のようなイメージ戦略が必要になってきます。

バキューム戦略（最もオーソドックスな方法）

他社と明確な差別化をするためには十字マトリックスの中で空白ができている場所がないかを調べてください。とりわけ既存ブランドの対極の象限（A）に自社商品を置くと明確な差別化が可能になります。この手法は、空白地帯を探し出すことから「バキューム（真空）戦略」と言います。この手法は戦略的な共存関係を作る手法と言えます。

挟み撃ち戦略

ライバル企業に強力な戦略商品や主力商品がある場合、複数の商品で挟んでライバル企業の商品イメージを無力化する方法です。同一コンセプトだけど値段が安い商品、同一コンセプトだけど付加価値が高く値段も高い商品を複数個出すことでライバル企業の商品イメージを弱くします。これはかなり敵対的な手法となります。本来ポジショニング戦略は「すみ分け」の発想で実施するものですが、一部にこのような方法もあります。

ポジショニング戦略例

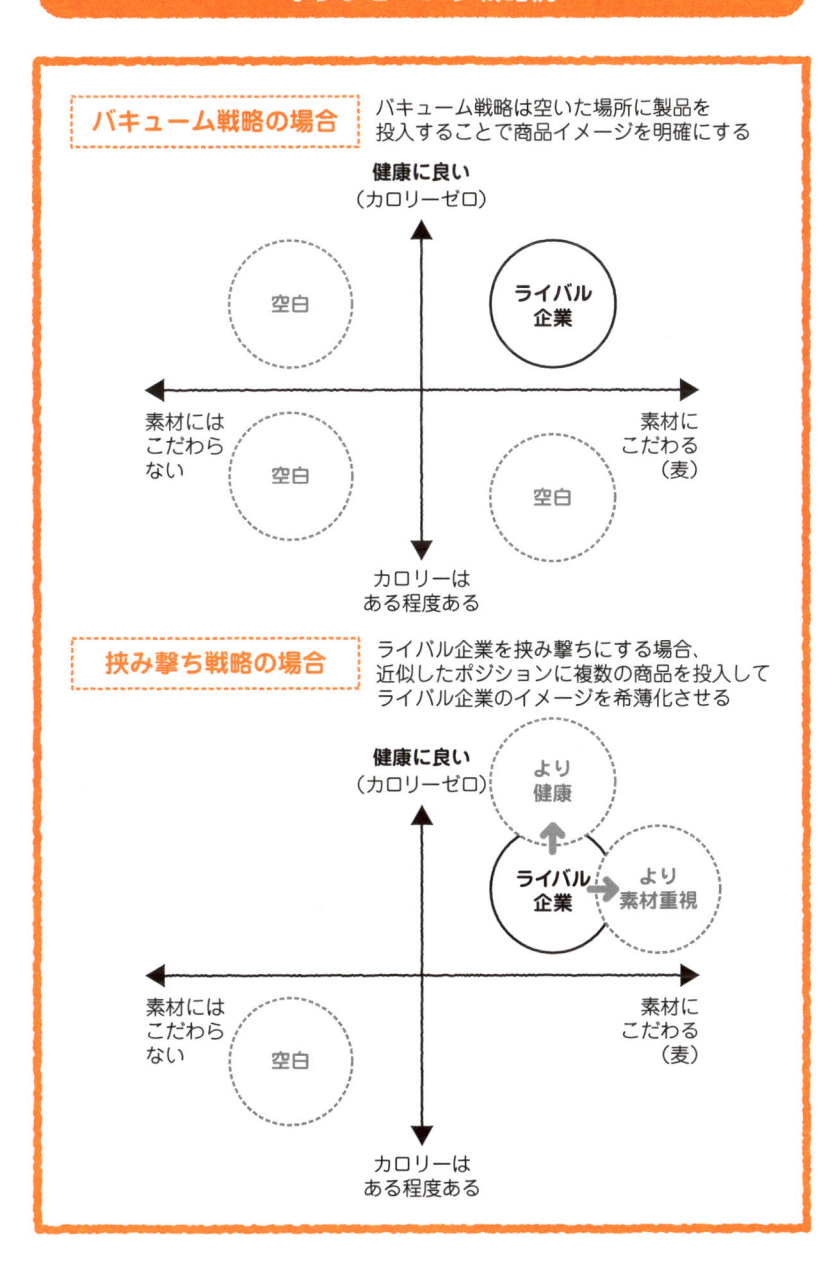

バキューム戦略の場合

バキューム戦略は空いた場所に製品を
投入することで商品イメージを明確にする

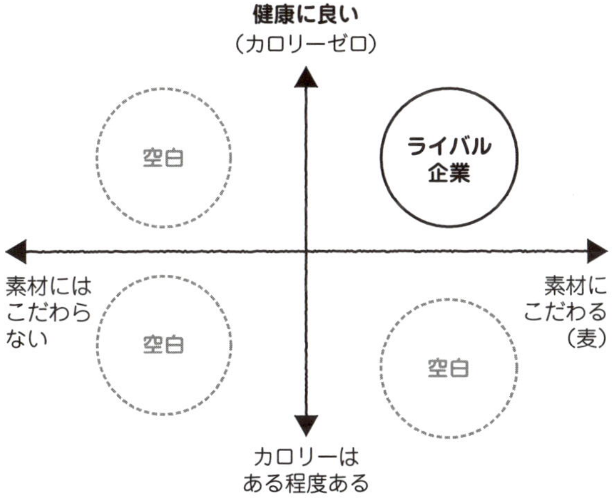

挟み撃ち戦略の場合

ライバル企業を挟み撃ちにする場合、
近似したポジションに複数の商品を投入して
ライバル企業のイメージを希薄化させる

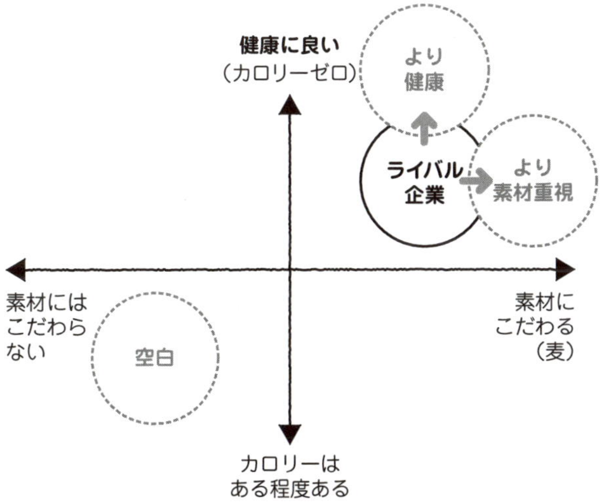

8章

売り方を考える

売り方・届け方の工夫も企画の段階で
しっかり練りこみましょう。
基本的な理論と流れをまとめます。

01 商品企画と売り方の関係

売られている現場から発想する

消費材の調査によれば、消費者の74.8%は店頭で購入商品を決定しています。つまり、広告で商品名を記憶して買いに来る人は多くないのです。また、購買決定の時間は5秒以下が42%。選択に時間をかけていません。だからこそ店頭で、一目でわかる表現が必要です。つまり、商品は

●買いたくなるようなパッケージであること
（眼に飛び込んでくるようなインパクト、わかりやすい商品説明）
●店舗での置かれ方が想定されていること
（棚のどの位置で見られるか、競合商品との並び方はどうなるか）
●店舗での売られ方が想定されていること
（ワゴンに入れられる、セットで置かれる、チラシに掲載されるか）

が大切です。これらを踏まえて商品企画をすることが成功につながります。

売り方は4つのPで考える

売り方を考えるにあたっては、マーケティングの4Pを押さえると良いでしょう。昨今では、4P以外にも、6P、4Cなどの方法論もありますが、すべては4Pが基本になっているので、ここでは4Pから考えることにします。そもそも4Pとは、1960年ごろから使われている古い概念です。商品を売るための方法論を、商品（Product）、価格（Price）、流通（Place）、販促（Promotion）という4つの「P」ではじまる要素の軸で考えます。

なぜ売り方を考える必要があるのか

商品の販売状況を想定する

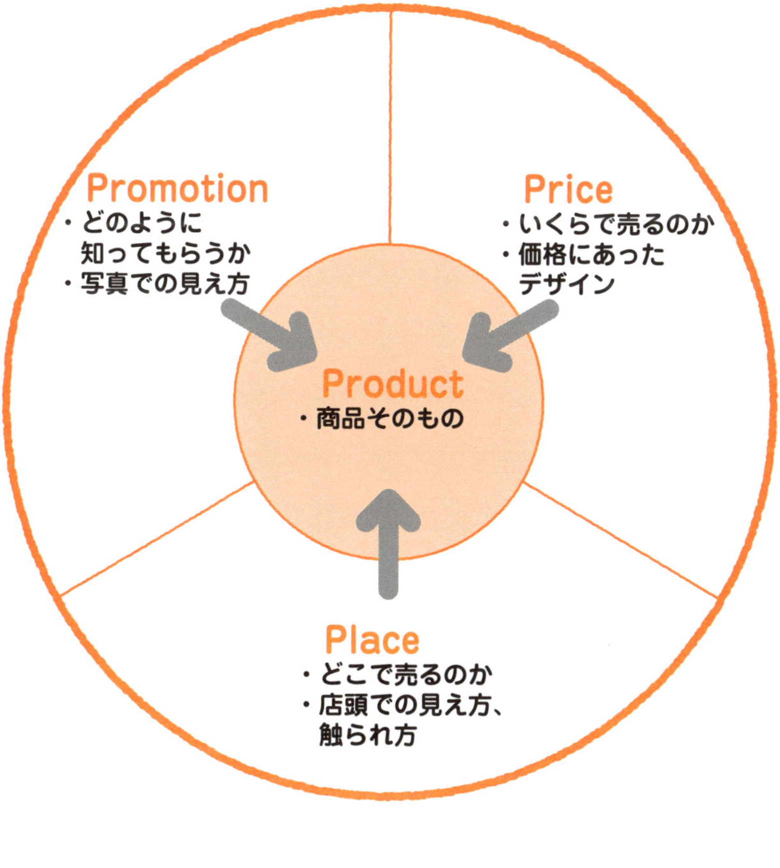

価格戦略（1）

まずは市場状況から考える

価格を決めるには市場状況を前提にしないといけません。この場合、競合、流通、消費者の三つで考えます。なかでも、消費者価格、つまり顧客の「値ごろ感」が大切です。いかに買いたい意欲を後押しできるかが重要な価格戦略になってきました。

価格はころころ変える？

現在では価格を上下させ、最も売上げが上がる数値に設定することが増えています。安いだけでは顧客は反応しない、という原則が明らかになったからです。多くのGMS（スーパー）ではデジタルプライスカードを使って価格変更がスムーズにできるようになっています。

心理的な価格手法を活用する

価格設定において重要なのは、顧客心理を読むことです。以下は心理的効果の高い価格設定法です。場合に応じて使い分けましょう。

- 端数価格（1000円でなく、998円に設定する）
- オケージョンプライス（高くても仕方がないと感じる場所で売る）
- キャプティブプライス（本体は安いが消耗品が高い。プリンター等）
- 抱き合わせ価格（ヒット商品と売れない商品を組み合わせて売る）
- 定額制価格（定額にすることで月額の支払いを抑える）
- 量に応じた細かな価格設定（ハーフサイズのような少量でも売る）
- 長期割引、早割（将来の顧客を囲い込む）

市場の現状に合った価格戦略

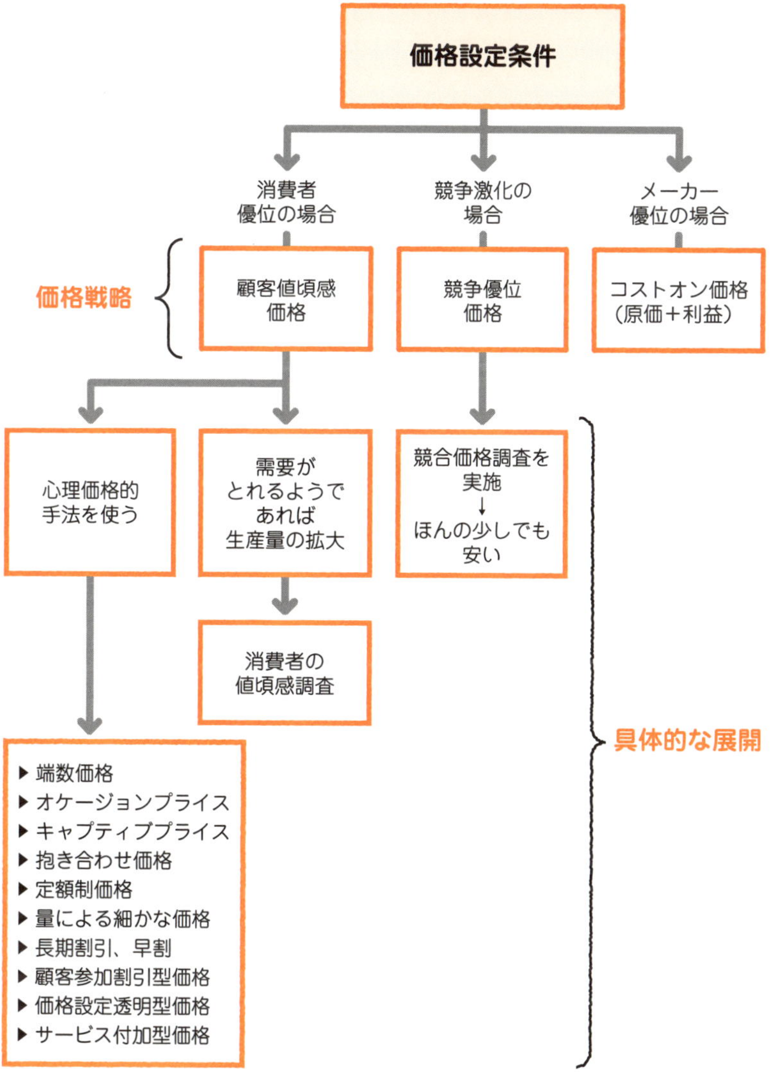
価格設定条件
消費者
優位の場合
競争激化の
場合
メーカー
優位の場合
価格戦略
顧客値頃感
価格
競争優位
価格
コストオン価格
(原価＋利益)
心理価格的
手法を使う
需要が
とれるようで
あれば
生産量の拡大
競合価格調査を
実施
↓
ほんの少しでも
安い
消費者の
値頃感調査
▶ 端数価格
▶ オケージョンプライス
▶ キャプティブプライス
▶ 抱き合わせ価格
▶ 定額制価格
▶ 量による細かな価格
▶ 長期割引、早割
▶ 顧客参加割引型価格
▶ 価格設定透明型価格
▶ サービス付加型価格
具体的な展開

03

価格戦略（2）

安く売らない

価格設定をする上では、なるべく「安く売らない」ことを考えるべきです。たしかに現在、多くの商品は低価格路線に進んでいます。しかし、よほどの大企業でないと採算がとりにくい。低価格戦略というのは大量販売を前提として成り立っているからです。中堅以下の企業では、付加価値の高い商品であることを顧客に認識してもらい、価格を下げないことが重要です。安く売るのでなく、安く感じてもらう、高くてもいいから買いたいと思ってもらうのです。

価格の納得性を高める

安い、高いというのは比較から生まれるものです。○○と比較して高いという、比較材料が心の中にあります。

二日酔いに効果があるというウコン飲料の多くは栄養剤の棚に置かれています。栄養剤とはベネフィットが違うのですが100ml、200円の値段は栄養剤の棚の中に置かれれば違和感がありません。あえて栄養剤の棚に置くというのが価格戦略です。しかもウコンの効果成分であるクルクミンの量を増やして60mgにすると価格は高くなるという栄養剤と同じ売り方をしています。

一時的に安くする

商品を安くすると利益に影響します。原価90％以上の商品は、5％売価が下がると、その利益の半分が消えます。ですから極力、値は下げずに、値下げするのであれば一時的なものにしましょう。一時的に下げる手法は、タイムセールや期間限定割引などたくさんあります。

価格戦略チェックシート

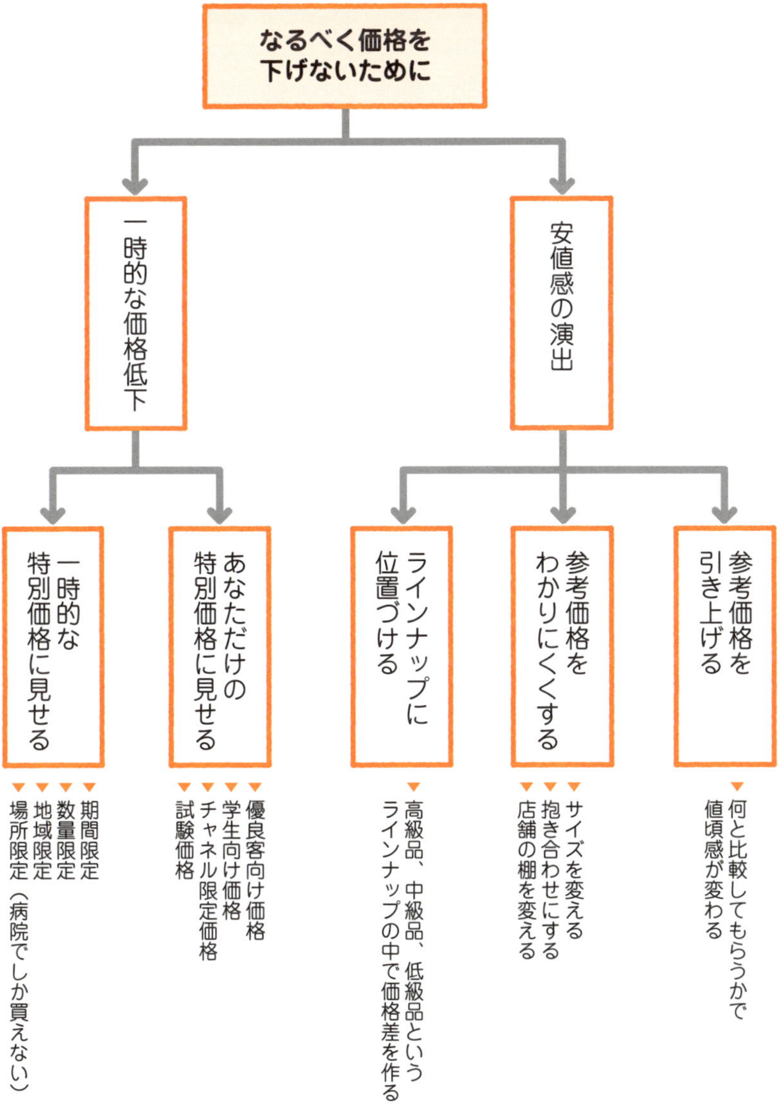
なるべく価格を下げないために
一時的な価格低下
安値感の演出
一時的な特別価格に見せる
▼期間限定
▼数量限定
▼地域限定
▼場所限定（病院でしか買えない）
あなただけの特別価格に見せる
▼優良客向け価格
▼学生向け価格
▼チャネル限定価格
▼試験価格
ラインナップに位置づける
▼高級品、中級品、低級品というラインナップの中で価格差を作る
参考価格をわかりにくくする
▼サイズを変える
▼抱き合わせにする
▼店舗の棚を変える
参考価格を引き上げる
▼何と比較してもらうかで値頃感が変わる

流通戦略（1）

04

商品の出口を増やす

自社商品がどのようなルートで流通し、どのような店頭で売られるのか想定しましょう。今後、流通はさらに多様化していきます。出口の多さは販売力につながるので中堅企業であれば販路拡大を想定した計画を立てるとよいでしょう。

流通こそビジネスモデル

流通はまさにビジネスモデルになる部分です。様々な流通を通してどのように利益を上げるかという視点で考えてください。ダイレクト販売は大幅な流通コストの削減につながりますが、ネット販売であれ、店舗販売であれ、自ら販促し、顧客管理をしなければなりません。逆に言えば、売り方の管理を小売企業にゆだねることで、マーケティングコストを押さえることが可能になります。

判断は投資対効果で考える

自らの裁量で売り方全般を指揮するか、商品だけに集中して売り方の大半は小売企業に委託するか、ここは重大な決定となります。ある程度商品プランを作成し事業プランまで検討する段階になれば、3年後を見据えてコストをシミュレーションするといいでしょう。

ダイレクト販売とのすみ分け

1社でオンライン販売も行い、一方で卸を通して小売もしているとすれば、「すみ分け」が必要になってきます。たとえばオンラインでは、店頭で売れないような特殊商材、テスト商材を中心に販売し、商品を顧客に浸透させるのです。

流通拡大のチェックフロー

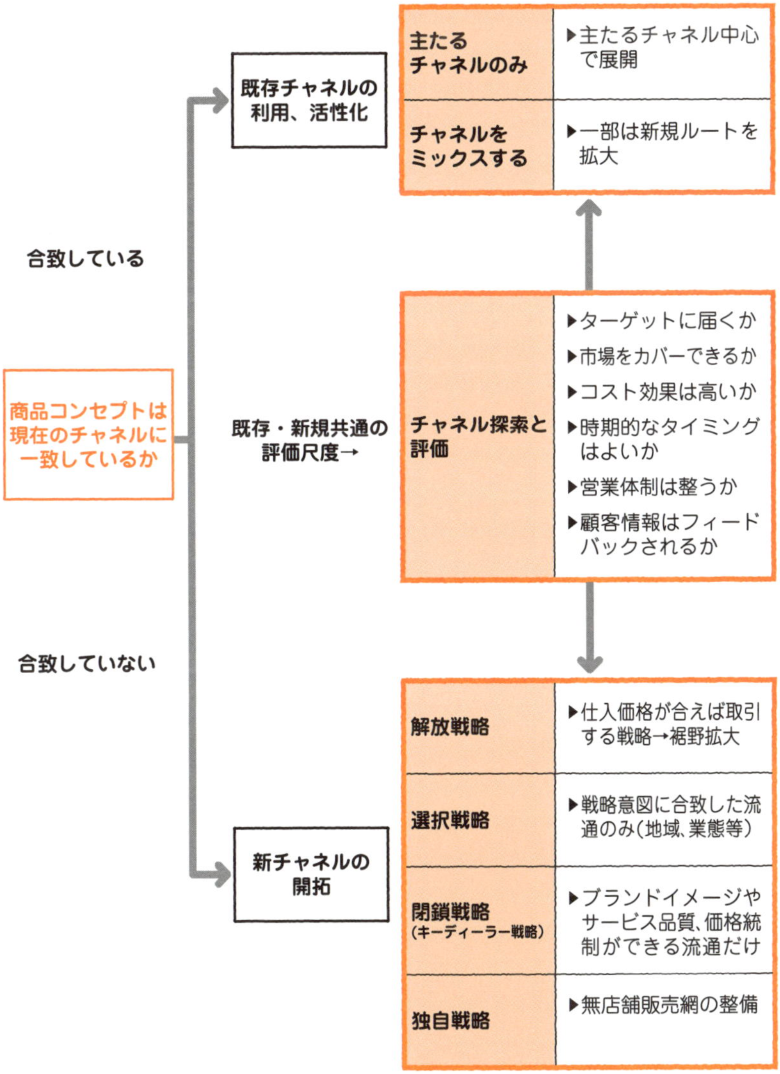

商品コンセプトは現在のチャネルに一致しているか
合致している
合致していない
既存チャネルの利用、活性化
新チャネルの開拓
既存・新規共通の評価尺度→
主たるチャネルのみ
▶主たるチャネル中心で展開
チャネルをミックスする
▶一部は新規ルートを拡大
チャネル探索と評価
▶ターゲットに届くか
▶市場をカバーできるか
▶コスト効果は高いか
▶時期的なタイミングはよいか
▶営業体制は整うか
▶顧客情報はフィードバックされるか
解放戦略
▶仕入価格が合えば取引する戦略→裾野拡大
選択戦略
▶戦略意図に合致した流通のみ(地域、業態等)
閉鎖戦略(キーディーラー戦略)
▶ブランドイメージやサービス品質、価格統制ができる流通だけ
独自戦略
▶無店舗販売網の整備

流通戦略（2）

売り上げを伸ばしていくためには、非常に簡単に言うと、以下の二つのいずれかの方法を取る必要があります。

1. 店舗販売してきた企業であれば無店舗を考える
2. ネット等の無店舗で販売してきた企業であれば、店舗、ショールームとのシナジーを考える

以下にその手法を考えていきましょう。

無店舗販売に着目する

無店舗販売のなかで、現在最も注目すべきはインターネット販売やモバイル販売です。単純に楽天のようなモールを使い出店料を払ってインターネット店舗を出すという考え方もありますし、また自社サイト内にEC（電子店舗）のコーナーを設けるという考え方もあります。流通コストを大幅に削減できる魅力がネット販売にはあるのですが、モールに出店している限りその恩恵は少なくなります。顧客の動向を把握するという意味でも自社サイトもしくは専用サイトでの販売に持っていきたいところです。

店舗販売を組み合わせる

現在、無店舗販売をおこなっている企業の場合、店舗との相乗効果を考えるべきです。店舗で見てネットで買うというシーンもあれば、試着したいから近くの店舗に行くというシーンもあるでしょう。リアルな顧客との接点があることは強みです。また、高齢層にはリアルな販売、巡回販売等が求められるでしょう。販売接点の場所で顧客から何が得られるか、一度よく考えて見ましょう。

小売拡大のチェックフロー

販売業態		魅力	リスク
直営店舗（レギュラー）	自社経営店舗	サービス、価格、イメージの完全な統制	店当たりのコスト高
ＦＣ店舗（フランチャイズ）	他社経営	急激な店舗展開	標準から逸脱する店舗出現
ＶＣ店舗（ボランタリー）	他社共同経営	共同でのリスク分散	戦略主体は小売側にあり

販売業態		魅力	リスク
訪問販売	訪問販売	在庫、代金回収	リスク心理操作の困難さ
	紹介販売（＝ネットワーク販売）	自動的に拡大	理念、思い
通信販売	カタログ販売	予測による拡大比較的低コスト	データ整備コスト、分析精度
	テレビ販売	マスビジネスが可能	多額の宣伝コスト
	インターネット販売	流通コストの大幅削減	システムの安定性、ネット決済への抵抗感
装置販売	▶ベンダー方式 ▶富山の薬売り方式 ▶巡回販売	ルーチンな販売	▶シーズ販売が困難 ▶二極化
	ウェブ共同購入	顧客ニーズの的確把握	▶市民生協と大規模コープ ▶自然のものを志向

06

流通のオムニチャネル化と販促

売り手の変化

小売業の立場から考えてみましょう。買い手の購入先は多角化しており、店舗だけで完結することは少なくなってきています。例えばこうです。企業の公式ページで商品情報を集め、店頭に行って実物を確認し、さらには格安なEC業者で購入するといった複雑な行程をもった消費に変わってきています。

小売店はいくら顧客を店舗に誘致しても、顧客はトライアルだけして逃げてしまいます。顧客の認知接点、情報比較接点、試用接点、決済接点をすべて抑えてはじめて販売を完結できると考えられるようになりました。オムニチャネル（流通統合）と言われます。小売業は店舗だけではなくネットダイレクトショップ、比較サイト、FB等のSNSでの専用サイト、電話でのダイレクト販売などが多様な接点を持ち始めています。

O2Oの活性化

O2Oとは「オンライン・ツー・オフライン」もしくは「オフライン・ツー・オンライン」の略称です。セブン＆アイホールディングスのように店舗販売を重視してきた会社がネット通販事業を立ち上げたり、逆に楽天のようにウェブでの事業展開だけでなく小型車による配送網を構築したり、顧客の複雑な購買行動をキャッチアップしようとしています。

現代日本は高齢者が極端に増加しています。近くのコンビニに行くのが億劫という顧客層です。そのような顧客には訪問販売、巡回販売のような業態が必要になっています。楽天、東急電鉄、カクヤスなどが参入し、訪問販売が再び着目されるようになっています。

オムニチャネル化とO2O対策

オムニチャネル化

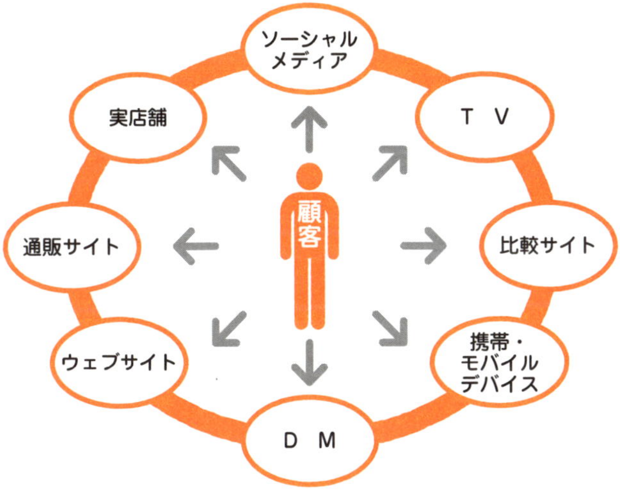

O2O対策

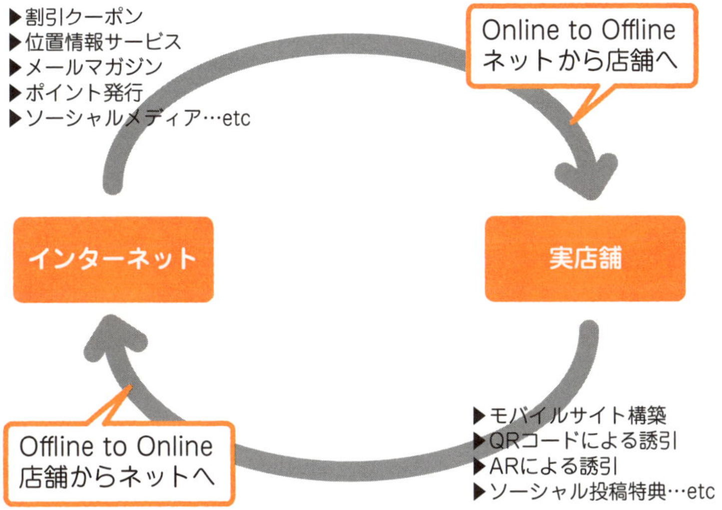

07 販促計画

三種類の対象別販促

販売促進には大きく、次の三つの種類があります。関係者別に、

1. 消費者向け販促　2. 流通向け販促　3. 社内向け販促

となります。消費者向け販促はさらに、刺激策、教育策、維持策の三つに分かれます。刺激策は即時的な効果を狙ったもの、教育策や維持策は長期的な効果を狙ったもので、愛用者を少しづつ作り上げていきます。

流通向け販促は、流通企業を交渉先と見るかパートナーと見るかによって手段が大きく変わります。従来は交渉先と見るケースの方が多かったようですが、最近はパートナーと見て、助言指導していくようになりつつあります。

また、社内向け販促では販売意欲と能力という二つ側面から営業力を引き上げます。なお、販促の実施は3→2→1の順番で行います。

販促はミックスしよう

販促ミックスとは、社内向けの販促、流通向けの販促、消費者向けの販促が一連の流れとしてきちんと組み合わせられることを言います。具体的には、社内で商品への期待感がわきおこり、それが営業を通じて流通へと伝えられ、消費者向けの商品情報が流れたときに、消費者が店頭に出向くと店頭でしっかり商品が並べられている、という状況です。

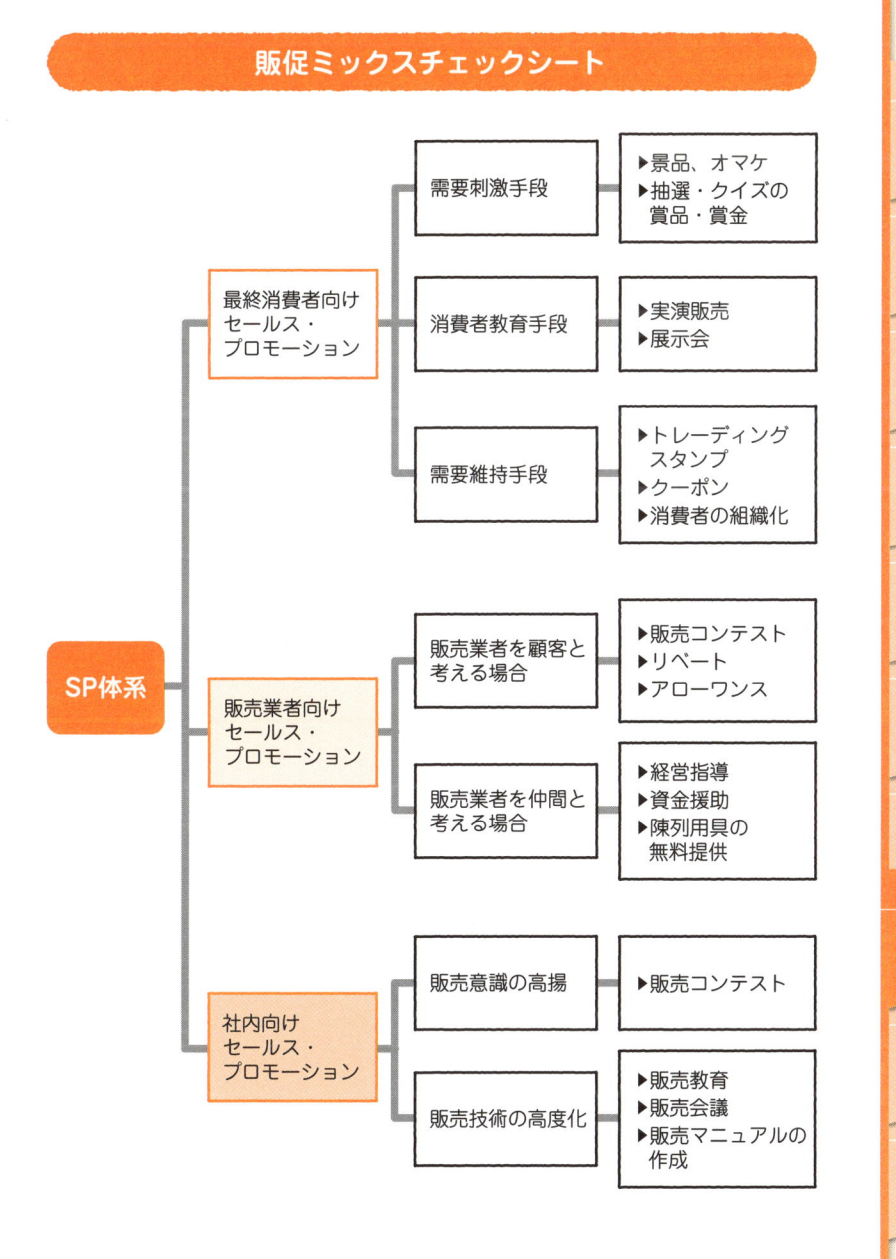

販促ミックスチェックシート

- **SP体系**
  - 最終消費者向けセールス・プロモーション
    - 需要刺激手段
      - ▶景品、オマケ
      - ▶抽選・クイズの賞品・賞金
    - 消費者教育手段
      - ▶実演販売
      - ▶展示会
    - 需要維持手段
      - ▶トレーディングスタンプ
      - ▶クーポン
      - ▶消費者の組織化
  - 販売業者向けセールス・プロモーション
    - 販売業者を顧客と考える場合
      - ▶販売コンテスト
      - ▶リベート
      - ▶アローワンス
    - 販売業者を仲間と考える場合
      - ▶経営指導
      - ▶資金援助
      - ▶陳列用具の無料提供
  - 社内向けセールス・プロモーション
    - 販売意識の高揚
      - ▶販売コンテスト
    - 販売技術の高度化
      - ▶販売教育
      - ▶販売会議
      - ▶販売マニュアルの作成

08 購買心理を読み解く

古典的な購買心理の理解

商品認知から購入にいたるまでの心理変化に着目し、購入を促す方策を考えます。よく使われているのは、購入までの心理を5段階（認知・関心・欲求・記憶・行動）で理解するAIDMA（アイドマ）という理解方法です。

商品のことを知って（A認知）、情報が増え関心も高まり（I関心）、いいタイミングで販売キャンペーンがあり（D欲求）、これは買いたいなと強く記憶し（M記憶）、購入にいたります（A行動）。個人で購入の意思決定が完結していた時代にはとても説明力があるモデルでした。今でも高齢者向けの分野、個人の情報が外にもれにくい金融や健康医療分野のビジネスではこのモデルによる販促がよく実施されています。

集団的な購買の意思決定

ところが、2000年以降、簡易に得られる他の購買者の意見や知人の意見から購入を決める行動が出てきました。日本最大手の広告代理店・電通は新たな購買の把握法をAISAS（アイサス）と呼びます。3番目のSが検索、事前にネットで豊富な情報を取得することです。5番目のSが情報共有で良い買い物をしたという経験をフェイスブック等SNSで紹介することで、さらに購入者が増えると同時に、その内容がさらに検索されるという好循環を生み出します。購入者のロイヤリティもこれらの他者の意見から形成・強化されます。

また、社会的参加意欲が高まった消費者に対して、SNSの意見や情報が消費者心理に強く影響するSIPS（シップス）という共感型心理モデルも登場しています。

AIDMA・AISAS・SIPS

従来型の消費者心理・行動プロセス

インターネット登場以降の消費者心理・行動プロセス

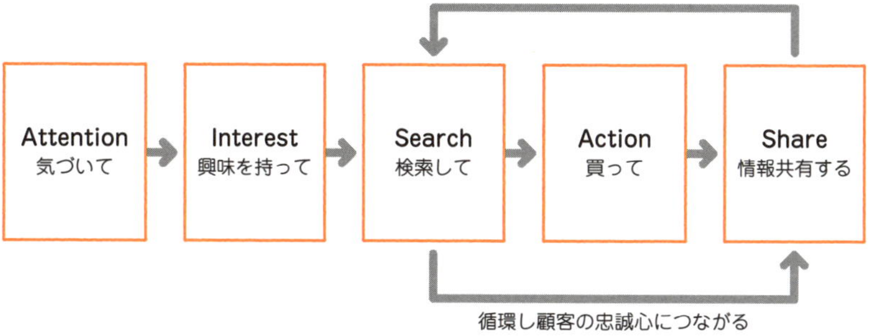

SNS隆盛以降の消費者心理・行動プロセス

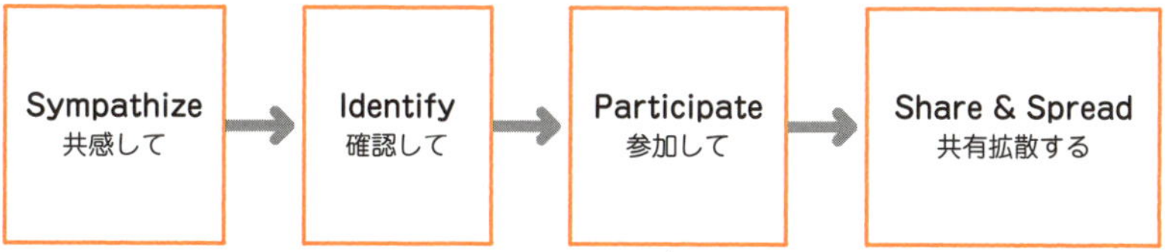

9章

顧客を育成する

長い期間使ってくださるお客さま、
商品の良さを周囲に広めてくれる
お客さんを増やす方法を解説します。

01

時間軸から企画する

LTV（Life Time Value、顧客生涯価値）という言葉があります。これは一人の顧客と企業が取引を始めてから終わりまでの期間（顧客ライフサイクル）、企業にとってその一人の顧客がどの程度累積的に利益をもたらしてくれるかを測る考え方です。

一人の顧客を維持すると、利用額は年々増えていき（利用増分利益）、営業費も新規でとるより安くすみ（営業費削減利益）、永い付き合いということもあり顧客を紹介され（紹介利益）、高価格な商品も買ってもらう機会が増え（価格プレミアム利益）て、年々利益は累積するだろうと考えていきます。

一方で、一定の割合で顧客が離反していくことも想定できますので、増分する利益と離反する損失を足して顧客の生涯価値をみるわけです。

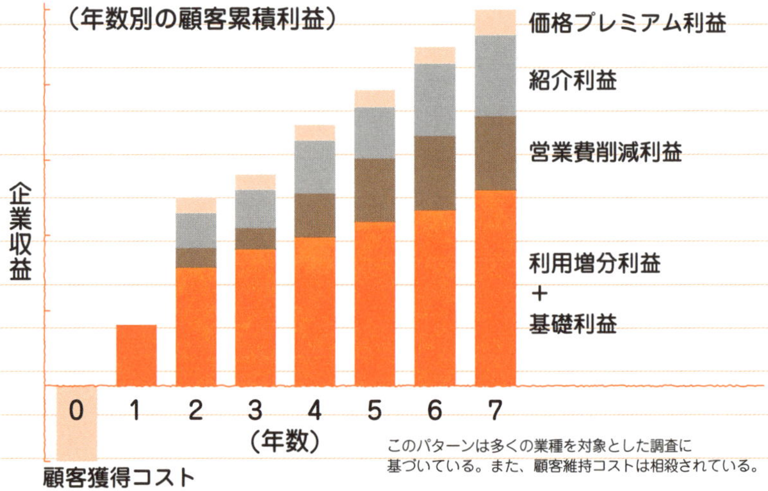

このパターンは多くの業種を対象とした調査に基づいている。また、顧客維持コストは相殺されている。

出典: F.F Reichheld.W E Sasser Jr, “Zero defections:Quality comes to services.” Harverd Business Review Sept/Oct 1990

顧客累積利益の内訳

顧客を維持することによる利益項目	内　容
利用増分利益	その製品の価値に満足していると、周辺サービスを利用したり、頻度が多くなったりして利用の度合いが上がる傾向があります。事例としては５年目には１年目の２倍以上利用を増やしている商品もあります。
営業費削減利益	既存客にかかる営業コストと新規客の開拓にかかるコストは大きく異なります。法人営業で高額品の場合は、新規客は１商品あたり３倍以上の営業コストがかかっています。 自社のことを詳しく知っている営業マンには詳細を説明せずに発注できると考え、発注を集中する場合もあります。
紹介利益	顧客が自発的に周囲の関係者に商品の推奨や宣伝をしてくれることがあります。商品、営業への忠誠心が高まると、口コミの頻度が増えます。 高額品の場合で顧客にとって重要度が高いと、顧客はパートナー意識をもってよき「営業マン」になって売り込んでくれます。
価格プレミアム利益	上記の利益よりはインパクトが少ないですが、自社商品を長く使ってくれる客には高額な商品のアピールがしやすくなります。

02 顧客ピラミッド

顧客をステージアップさせる

納得感をもったお客様は、さらに成長します。成長のプロセスは、マーケティングの世界では以下の6→1の各段階で説明されています。

1. 信奉客（絶対この商品じゃないとイヤ）←ここまで多くの顧客を出世させたい
2. 愛用客（いいから何度も使っている）
3. 継続客（何度か使っているけど、他の商品でもいい）
4. 試用客（使ってみた）
5. 見込客（知っているだけ）
6. 未知客（まだ商品を知らない）

重要なのは、最終的に1.信奉客になってくれるように顧客を育成することです。多くの消費者をこの段階まで持っていってはじめてベストセラー商品になり、企業への忠誠心を持ってくれるのです。一度信奉客のステージに入ると顧客は多少のマイナス情報があっても、それを心の中で打ち消してくれます。「何があろうと、あの会社はいいのだ」と思ってくれるわけです。

すべてが心理的なプロセス

右図のステップを見ると、顧客の心理が強い体験に基づいて動いていくことがわかります。その商品について、ずば抜けた感動を伴う体験がないと上位のステージには入りにくいのです。その意味で、顧客満足理論と顧客維持策は密接に繋がっています。

顧客ピラミッド図

顧客層	消費者の意識	心理的特長
信奉客（Advocate）	▶ これしかなく、ないと困る ▶ メーカーと一緒に成長する	▶ ファン ▶ パートナー
愛用客（Customer）	▶ 理由があってずっと使っている	▶ 安心と信頼
継続客（Repeat Buyer）	▶ 他に類似品もないので続けている（まだ満足しているわけではない）	▶ 不安と不足
試用客（Trial Buyer）	▶ 一度試してみた	▶ 期待挑戦
見込客（Prospect）	▶ 商品の名前を聞いた ▶ 関心がある	▶ 関心印象
未知客（Suspect）	▶ まだ商品を知らない	

03 顧客育成の方法

階段を一歩ずつ上がるようにロイヤリティアップ

会員化を前提に考えますとラダーアップ（階段を一番上まであがること）することが大切です。未知客から一歩ずつのロイヤリティ（忠誠心）を引き上げていく緻密な努力の結晶とも言えます。通信販売やサービス業だと会員化して定期購入につなげていくことが経営の安定につながりますから、この努力は必須といえます。以下、最も重要な２つのステップアップについて説明します。

試用客を継続客にするポイント

何度も買ってもらうというのは、顧客に動機づけが必要になります。たとえば、「何度も買うと得をする」という動機づけは、デパートやクレジットカードのポイント制度などで行われていますし、プレゼントキャンペーンもよく見られます。こうした動機づけを、マーケティング用語では「フリークエント・プログラム」と呼びます。これは、顧客情報が集まっていなくても実施できますが、試用客を継続客にするには、大きな飛躍が必要です。それが感動なのです。商品やサービスを通じての感動によって、はじめて可能になるものです。

愛用客を信奉客にするには発想の転換が重要

愛用してくれる客に「絶対、この商品でないとだめ」と思ってもらうには、「この商品は私と一緒に成長している」と感じた瞬間を累積しなくてはなりません。そのため、信奉客を育成するのには時間がかかります。しかし、実はそれを短くする方法があります。消費者に三顧の礼で意見を聞いて、その意見を商品や販促に盛り込んでいくことです。

詳細ピラミッド図

会員化を前提とした場合

顧客層	ステップアップの要点	戦略手法	具体的な展開
信奉客（Advocate）		▶オピニオン活用（ロコミ紹介）	▶紹介キャンペーン ▶会員組織化キャンペーン
愛用客（Customer）	信頼を反復させる（強化）	▶フレンドリプログラム（親しみをこめたメッセージで電話やメールをもらえる） ▶LTVプログラム（入学等、人生のイベントについての特典制度） ▶フリークエントプログラム（ポイント制度）	▶ライフタイムメンバーシップ ▶ディスカウント・クーポン ▶フリークエントキャンペーン
継続客（Repeat Buyer）	信頼させる		
試用客（Trial Buyer）	続けさせる		
見込客（Prospect）	機会(チャンス)を与える	▶ウェルカムプログラム（トライアルキット）	▶無料ギフト、試供品、推薦文、ウェルカムキット
未知客（Suspect）	疑いをはらす	▶企業理解促進	▶優良客同一セグメントに対してレスポンス広告展開

サービス業の顧客育成

感動づくりこそが顧客育成

サービス業は対人接点が中心となります。対人サービスでは顧客が感動する瞬間の管理が大切です。サービス業界では「真実の瞬間」(Moment Of Truth)と言います。常時気をはっているというより、顧客満足度が高い行動に集中して業務を行うことが顧客ロイヤリティへとつながります。

感動づくりの３つの行動

顧客に感動していただくために3つの行動が重要だと言われています。

1つ目は、顧客の特別視です。顧客を名前で呼び、笑顔で話しかけることです。ホテル業のような接客の大切さが重視されている業界だけではなくハーバード大学のような学校であっても大切な行動とされています。大学教授は学生リストを片時も話さず卒業後であっても偶然出会えばファーストネームで話しかけることで強力な師弟関係を構築すると言われています。

2つ目は、緊急時対応です。顧客が困っている瞬間の管理です。ディズニーランドでは顧客が大事な持ち物を忘れると敷地内のすべてのゴミ箱をひっくり返して調べ、大変な努力をしたことを一切言わずに忘れ物を郵送します。忘れた本人には一生の思い出となりロイヤリティは最高度に上がります。

3つ目はクレーム管理です。クレームは迅速に解決できた場合のみ再購入意向率が82%に跳ね上がります（TARP社グッドマンの調査）。
サービス業の場合、このような重点的な顧客満足活動をおこなうことで忠誠心を高めていきます。顧客満足度が高いと言われるリッツカールトンやディズニーランドで積極的に活用されている行動原則です。

真実の瞬間（Moment Of Truth）

MOTサークル（ホテル）

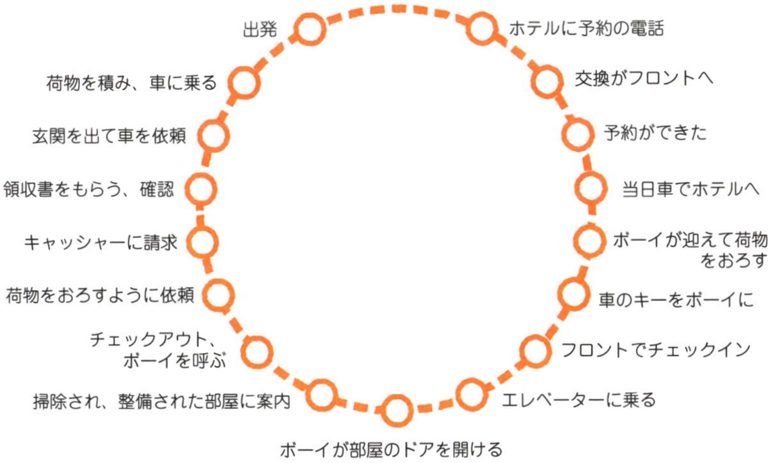
ホテルに予約の電話
交換がフロントへ
予約ができた
当日車でホテルへ
ボーイが迎えて荷物をおろす
車のキーをボーイに
フロントでチェックイン
エレベーターに乗る
ボーイが部屋のドアを開ける
掃除され、整備された部屋に案内
チェックアウト、ボーイを呼ぶ
荷物をおろすように依頼
キャッシャーに請求
領収書をもらう、確認
玄関を出て車を依頼
荷物を積み、車に乗る
出発

ビジネスモデルで顧客育成

05

これからはビジネスモデルが重要

「ビジネスモデル」という戦略技法による育成手法があります。顧客が知らない間に購入が持続していたり、商品や企業にロイヤリティを感じたりする仕組み、仕掛けです。一般に「顧客の囲い込み」という言い方をしています。

典型的なビジネスモデルのパターンを知ろう

代表的なビジネスモデルを紹介します。

1つ目は「インストールモデル」。本体は低価格で購入できるのでつい買ってしまい、そのあと長く消耗品を買い続けるというモデルです。複合プリンターや髭剃り、ラベルライターなど、このビジネスモデルを使った商品がたくさんあります。メーカーは消耗品の利益率が高いのでビジネスとして成り立ちます。「フリーモデル」のように無料で配るという手法もあります。

2つ目は「ディファクトスタンダードモデル」。ディファクトというのは「事実上」のという意味です。事実上業界の標準になっていてみんな使っているから自分もずっと使うことになるというモデルです。GoogleのAndroidやMicrosoftのWindowsが代表例です。

3つ目は「プラットフォームモデル」です。開発者も販売者もユーザーも一つの仕組みのなかでサービスをうける仕組みです。開発する人にも便利、売る人にも便利、もちろん買う人にも便利という誰もがこぞって集まる場で長期の顧客関係をつくります。アップルのiTunes、Apple Storeが代表例です。

典型的なパターンをうまく使って顧客育成の仕組みを創りましょう。

ビジネスモデルの典型例

ディファクトスタンダード例（マイクロソフト）

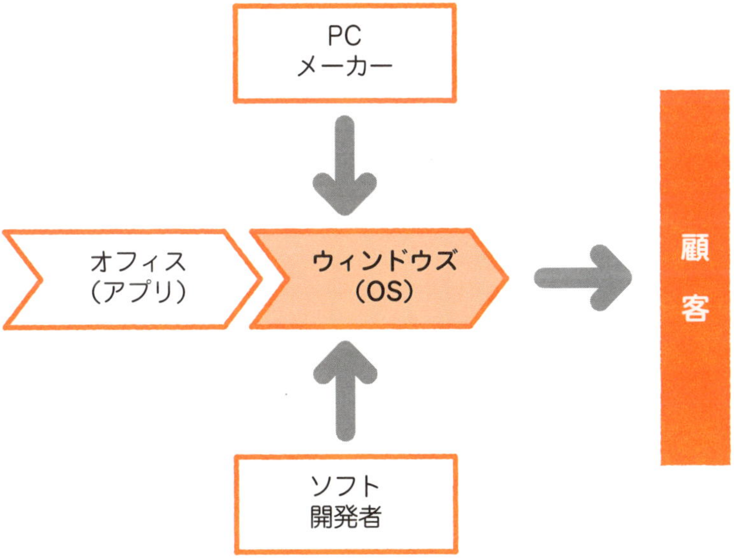

プラットフォーム例（不動産情報ネットワーク）

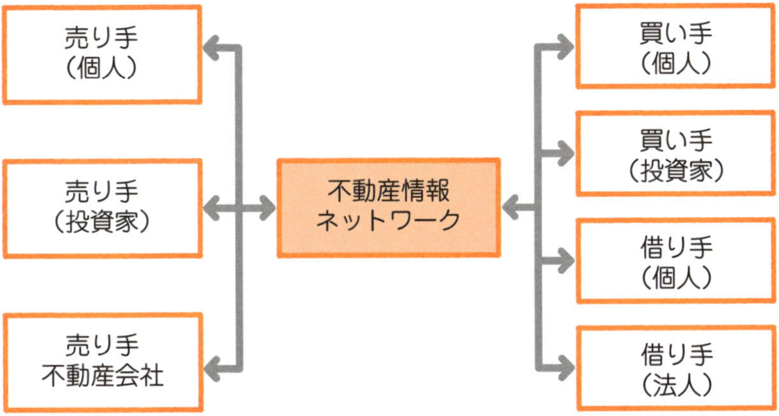

10章

進め方を考える

せっかくの企画も、開発がきっちり
進まないなら価値はゼロ。
プロジェクト管理のきほんを知りましょう。

01 実行力とやる気

内部固めこそが成功の源泉

商品企画を進行する上で、何より大切なのは内部関係者の巻き込みです。商品企画というのは、組織で実行するもの。企業に蓄積された知恵や見聞を集合してこそ120%の成果物を生み出すことができます。また、組織成員全員が意欲をもってこそ、短期間に品質の高い商品を作り上げることができます。

関係者の意欲こそが成功の源泉

関係者の能力の結集も重要ですが、関係者の意欲の結集はさらに重要です。経験論ですが、短期間で予想を超える品質と機能を有した商品ができるのは、高い意欲の社員が組織全体に存在しているときです。

間接部門からいい意見が出てくる

営業部門ばかりでなく、人事、調達、広告といった間接部門もメンバーに加えたいものです。彼らは、同じ企業に所属しながら別の視点をもったメンバーです。見る角度が増えるほど、商品の品質は厚みのあるものになっていきます。

人間のやる気から根本的に考える

右図は、人間のやる気の構造を図式化したものです。人間のやる気を引き出す上で最も重要なのは、目的・目標共有です。企業の場合、目的・目標が共有されないと、大きな不満足につながるという調査もあります（ハーズバーグという著名な経営心理学者が発見しました）。まずは会社の目標と個人の目標がしっかりとセットされるように十分な目標共有を行ってください。

人間のやる気の構造

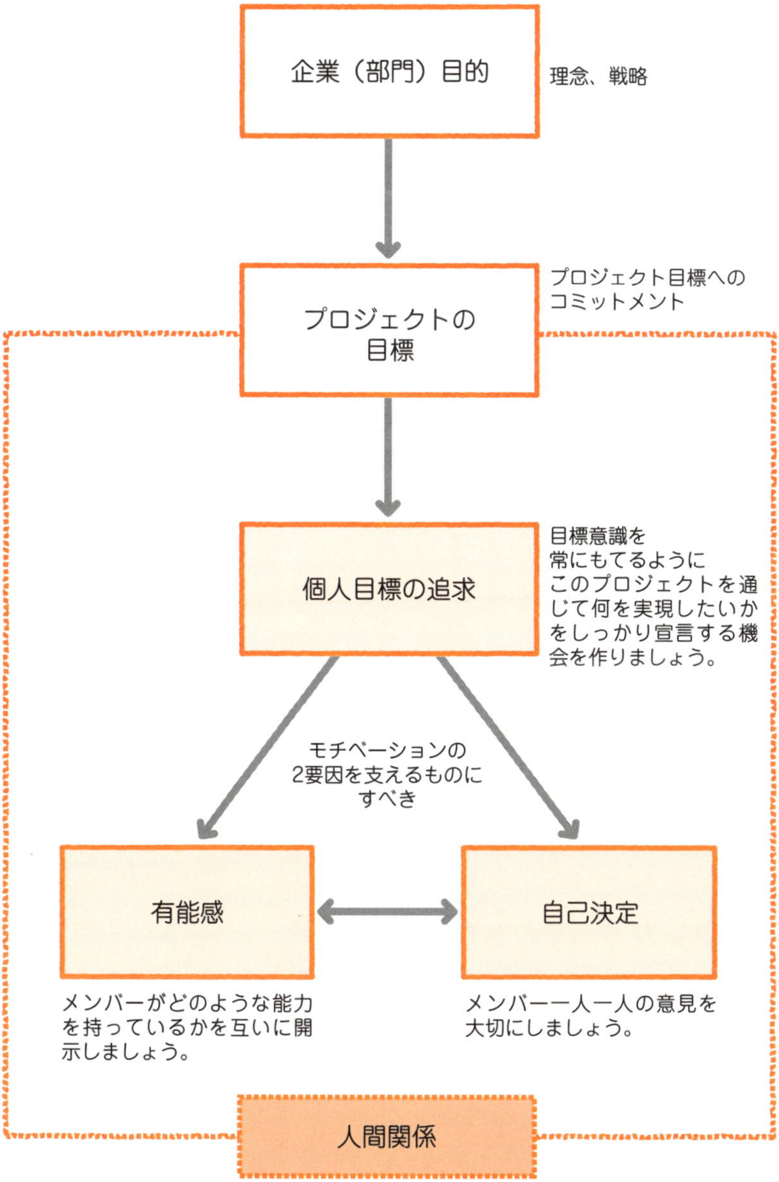
企業（部門）目的
理念、戦略
プロジェクトの
目標
プロジェクト目標への
コミットメント
個人目標の追求
目標意識を
常にもてるように
このプロジェクトを通
じて何を実現したいか
をしっかり宣言する機
会を作りましょう。
モチベーションの
2要因を支えるものに
すべき
有能感
自己決定
メンバーがどのような能力
を持っているかを互いに開
示しましょう。
メンバー一人一人の意見を
大切にしましょう。
人間関係

5W2H

人材を巻き込むためにプロジェクトチームが有効です。プロジェクトチームとは特定の目的を達成するために、期間限定でやる組織活動です。

関係者を巻き込む最大の秘訣は目的と目標の共有

メンバー間では、手段は多様であっても、目的・目標は揺るがないことが重要です。そのためにはまず、全員がことあるごとに何度も目的・目標に触れられるように「目的・目標の見える化」をしなくてはなりません。

5W2Hで整理してみよう

プロジェクトの概要は、目的と手段を具体化した「5W2Hの考え方」で書き表すと理解しやすいようです。

何を（What）　誰が（Who）　なぜ（Why）
どこで（Where）　いつからいつまでに（When）
どのように（How）　いくらで（How much）

計画を整理するためのツールを右図で紹介したので参照してください。

巻き込みツールを作ろう

プロジェクト計画は、あえて製本した書籍形式にして、いつでも持ち運べるようにしてください。社内の稟議の際にプレゼンテーション用手元資料として必要なはずです。計画書が一人歩きすることもあると思います。計画書の中にきちんとした説明があれば、誤解が生じにくくなり、協力者も出てきやすくなります。

5W2H表

（バイタルゼリー飲料の場合）

項目	説明	チェックした内容
何を （What）	▶目的 ▶成果物 ▶成果基準	▶効果がはっきりと自覚できる健康食品の追求 ▶コンビニでも売られるような普及商品 ▶新ジャンル商品として市場の10%
なぜ （Why）	▶開発背景の記入 ・会社の中でのこの商品の使命 ・戦略上の位置づけ ・商品ライン上の位置づけ ・市場機会の到来	▶自社で初めての健康食品分野の参入 ▶3年後に30億円の市場獲得を目指す ▶健康食品分野はここ5年成長を継続
誰が （Who）	▶プロジェクトオーナー（社長、クライアント） ▶プロジェクトリーダー ▶専任メンバー・兼任メンバー ▶（チームとしては6人〜8人が最適）	▶オーナー：社長 ▶リーダー：末吉 ▶専任：経営企画部佐藤主任（事務局）、開発部：三島 ▶兼任：高尾営業課長、広井財務課長、高山広報課長
どこで （Where）	▶どの部署が統括するか ▶どの部署が関係するか ▶どの企業と協働するか	▶経営企画が事務局運営 ▶ライン・スタッフ横断でメンバーを集める（全社体制で）
いつ （When）	▶進捗確認点マイルストーン ▶中間点 ▶ゴール（完成予定日、最終ゴール） ▶ゴール後	▶1月スタート ▶3月末に中間合宿（ここをおおきな商品開発上の山に） ▶6月ゴール ▶6月以降は事業部門に昇格させて実行計画を
どのように （How）	▶組織的な意味の方法→開発一般業務として、プロジェクト、外部委託 ▶技術的な意味での方法 ▶具体的な作業計画	▶外部人材を含めたプロジェクト体制で進行 ▶海外の人材と協働することからメーリングリスト、TV電話システムを利用
いくらで （How much）	▶社内資源の確認（人的資源、施設拠点的資源、財務的資源） ▶外部コスト計算	▶一時的にはコンサルタントを利用するが基本的には内部だけで進行するので当初500万円ぐらいの予算で十分

大きな開発の目安を作るのに5W2Hはぴったり

03 組織作り

体制図案を作る

体制図は命令系統や責任と権限の関係が一目瞭然でわかるように作ります。新組織で責任権限が不明確な状態では、なかなか自分のタスクだと思って活動してくれないのが常です。まずは職務記述をできるだけ明快に記した組織図を書いてください。

社長直轄にする

できれば商品企画プロジェクトは、社長、事業部長直轄の組織にしたいものです。社長が陣頭指揮していない組織は、大義名分を失いがちだからです。臨時の組織、暫定的な組織という意識が生まれると、自然とタスクが停滞し、プロジェクトから一人抜け二人抜けという状況が生まれます。定期的に「社長＝最終意志決定者」が叱咤、激励することが何よりの励みになるものです。

指名されたメンバーを完全に巻き込む

プロジェクトのメンバーに指名された人は、選ばれて喜ぶ人と、現業もあるのに負担が増えると思う人にわかれます（後者のほうが多いようです）。そのため、各メンバーに権限と責任を説明すること、この業務にどのように関わるかのフィードバックをもらうことが重要です。要は、メンバーをプロジェクトに巻き込むのです。人は、仕事を押しつけられると動きませんが、自分なりのやり方・進め方を問われて、「自分だったらこうする」という発言をすると、自ら動くようになります。コミットメントの証となる「自分だったら……」という言葉を引き出すことを、くれぐれも忘れないでください。

典型的な新商品企画体制図

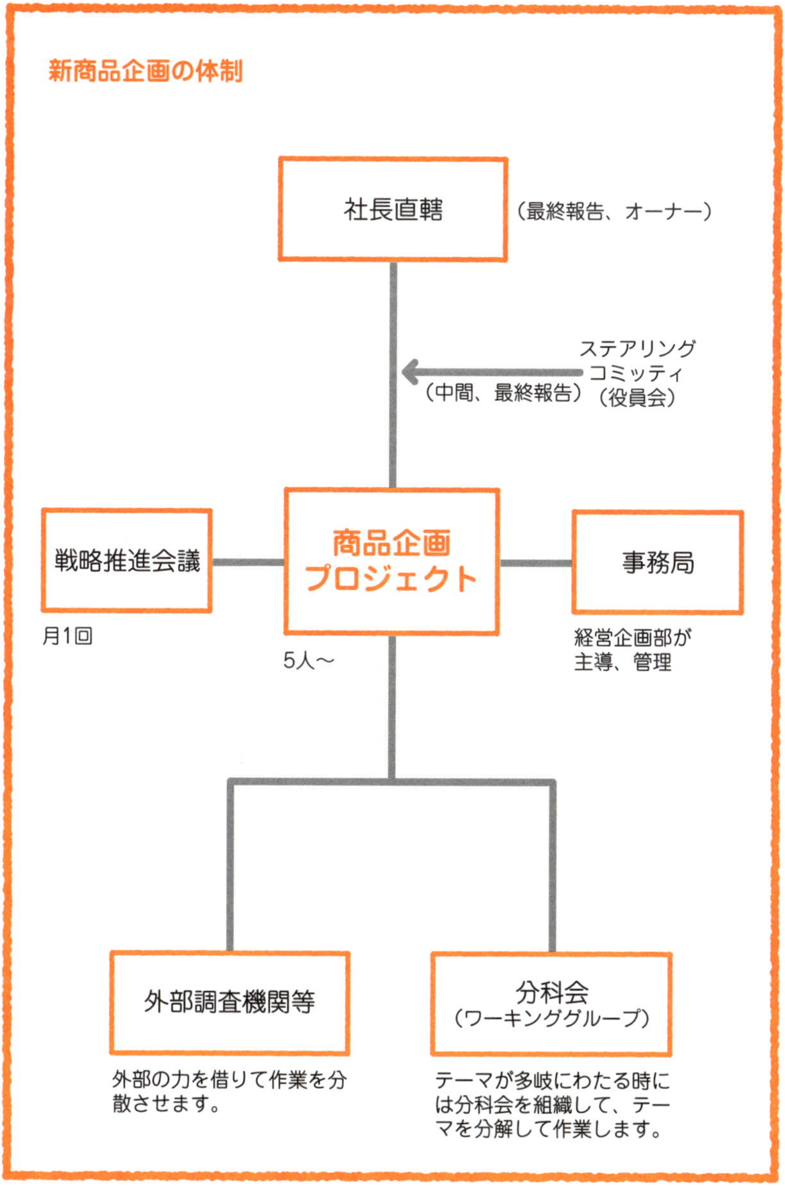
新商品企画の体制
社長直轄
（最終報告、オーナー）
ステアリング
コミッティ
（役員会）
（中間、最終報告）
戦略推進会議
月1回
商品企画
プロジェクト
5人～
事務局
経営企画部が
主導、管理
外部調査機関等
外部の力を借りて作業を分
散させます。
分科会
（ワーキンググループ）
テーマが多岐にわたる時に
は分科会を組織して、テー
マを分解して作業します。

04

マーケティングROI

ROIとはReturn On Investment（投資対効果）のことです。本来は財務上の概念なのですが商品を市場に投入するというのは大変なお金（投資）がかかりますのでマーケティングの世界でも重要視されるようになりました。

投資対効果は売上総利益とマーケティングコストから算出するのが一般的です。ROIはパーセンテージの形であらわすことが多いです。パーセンテージがプラスであればゲイン（利益）があり、マイナスであればロス（損失）が出たことになります。0%であれば投資と利益が同じだったということになります。これが投資の損益分岐点になります。

売上総利益とマーケティングコストで投資効果を判断する以外に右図のような投資効果の判断法があります。

投資対効果の判断法

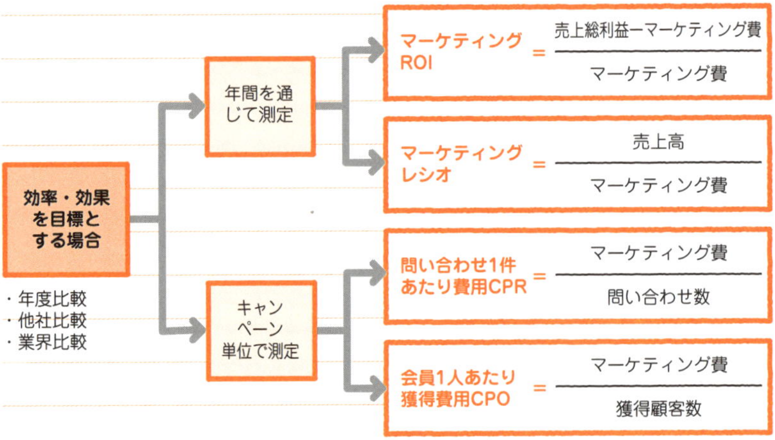

売り方投資費用の内訳

目標売上高A		需要見込から初年度どの程度の市場を獲得するかを検討する
売上原価B		販売商品の製造原価もしくは仕入原価
売上総利益（A-B=C）		売上から原価を引いた額で粗利とも言う間接的なコストを大きく削減できたなら最大限得られた利益ということになる
売り方＝マーケティング支出D	商品開発費	マーケティングコストに入れない場合が多い。今回のように売り方をプロジェクトで検討する場合にはプロジェクト運営コストに計上する
	広告費	広告費は媒体費用と制作費用からなる
	販売拡張費	リベート（割り戻し金）やアローワンス（販売協力費）を入れる場合がある
	販促費	狭義の販促費はSPツールやSP媒体費用。販売拡張費を入れる会社もある
	広報費	広報費として計上するのは、リリース費、記者会見費やネットでの情報提供に関連する費用
	調査費	ネット調査、インタビュー調査等の費用
	（　　　）	
	総額D	

売り方＝マーケティングROI（投資対効果）

$$\frac{C-D}{D}$$

※着眼点：投資が少なくリターン（利益）が大きな売り方とはどんなものか

05 作業の洗い出し

作業が決まれば日程、必要人材、コストが決まる

作業計画と日程計画は密接に関連しています。作業が決まれば日程、人材、コストに割り付けることができます。ですので、テーマが決まり、ある程度の主力メンバーが決まった段階で作業計画はすぐに作りましょう。

大項目を明確にする

まずは大項目を作りましょう。商品企画であれば「研究」から「保守」に至るまでの項目に分けられます。大項目に上げられるのは、「企画」「研究」「保守」といった一般的な項目になります。開発タスクの細分化した項目の最初に市場調査を書きましたが、会社によっては技術調査が先にくる企業もあるでしょう。

中項目になると企業ごとのカラーが出てきます。このような作業項目表は、会議でメンバーが話し合いながら、作っていくことになります。どうしても項目を細分化できなければ、あまり項目や分類にとらわれずランダムに作業を出して、後で分類してもよいでしょう（このような手法は、KJ法と呼ばれます）。

ダブり、漏れがないかを確認する

おおまかな作業項目が見えた段階で、作業表に「ダブりがないか、漏れがないか」をチェックします。項目ごとに、経験者に話を聞くのが一番ですが、もしそれができなければ、論理的な思考手続きを使って細分化します。よく使うやり方で言えば、時系列で考えたり、空間配置で考えたりします。たとえば、「調査」という項目は、時系列順に「設計→アンケート表作成→郵送→回収→データ分析→報告書」という項目に分解します。

作業を分解していくということ

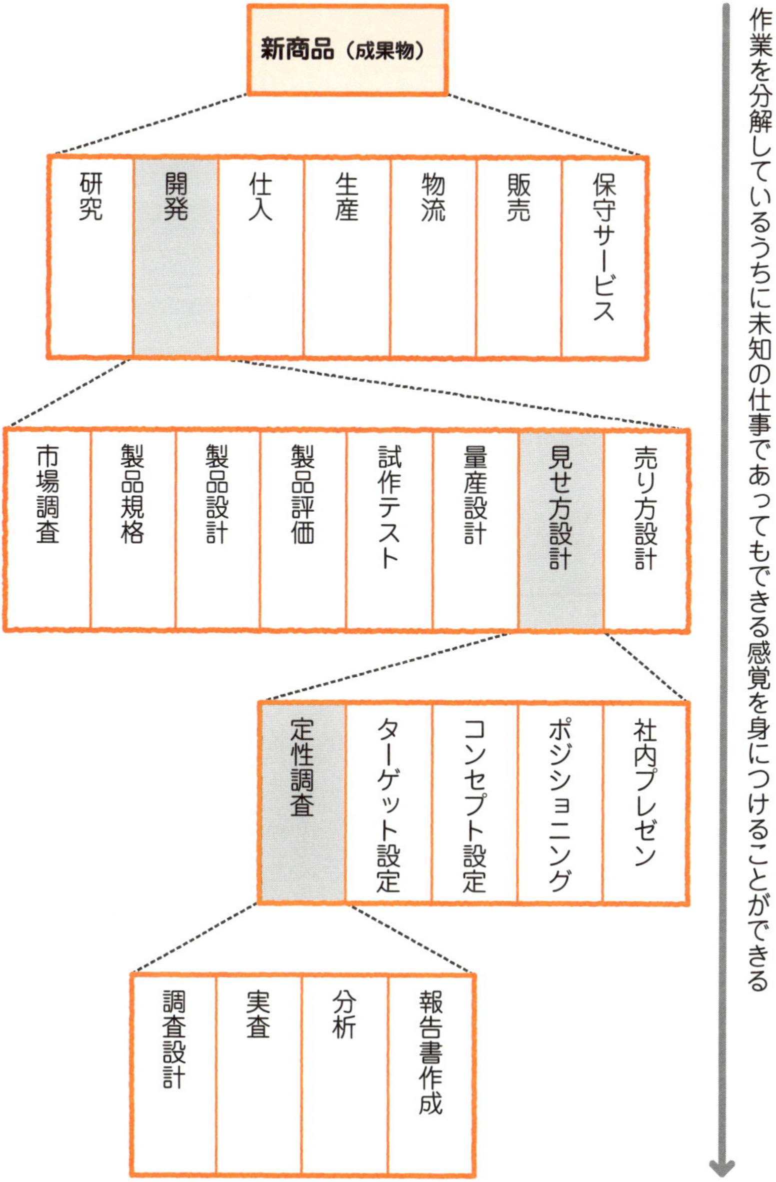
新商品（成果物）
研究
開発
仕入
生産
物流
販売
保守サービス
市場調査
製品規格
製品設計
製品評価
試作テスト
量産設計
見せ方設計
売り方設計
定性調査
ターゲット設定
コンセプト設定
ポジショニング
社内プレゼン
調査設計
実査
分析
報告書作成
作業を分解しているうちに未知の仕事であってもできる感覚を身につけることができる

06 日程計画

作業を分解して責任をつけていく

前ページで見ていただいたように、小項目レベルまで作業項目を細かく分解できたら、作業にナンバーをつけ、さらにグルーピングして、そこに担当者をつけていきます。一人の時間あたり作業量はおおよそわかるので、その作業を何人でやると、どのくらいの時間がかかるかは想定できます。

このように、「作業＋人＋日程」をセットで議論すると、無理のない計画を立てられるようになるわけです。なお、このやり方を使えば、人件費についてもおおよその見積もりが可能になります。

マイルストーンを設定すると意欲が維持できる

「マイルストーン（mile stone）」の直訳は「里程標（道しるべ）」ですが、プロジェクトにおいてマイルストーンは「中間目標」を意味します。長期プロジェクトの場合、1ヶ月、半月に1回程度のマイルストーンを設定したほうがいいでしょう。もちろんマイルストーンを多く設けるのが好きな人と嫌いな人がいるので、どの程度マイルストーンを設定するかについても会議で決めていくとよいと思います。

作業の集中日、困難日を見つけ出す

作業というものは、前もって計画しないと極度に集中する日があったり、一部の人に極度に集中してしまいがちです。またその作業が終わらないと次の作業に移れない作業については、必ず把握して調整しておく必要があります。厳密になりすぎることは避けるべきですが、これは重要なチェックポイントです。

タスクに時間を入れる例（ガントチャート）

作業ID	タスク(ワークパッケージ）名	作業時間					
		PM	統合	営業	設計	製造	開発
B.00	プロジェクトマネジメント	50					
C.01	ヒヤリング		60				
C.02	データ収集			10	10	10	10
C.03	データ整理		100	5	5	5	5
D.01.01	ベンチマーキング		40				
D.01.02	戦略課題設定		160	10	10	10	10
・・・	・・・				0		
E.01.01	理想像ベンチマーキング		10				
E.01.02	あるべき姿の設定		30	10	10	10	10
	・・・						
・・・	・・・	・・・					
	・・・	・・・					

日程観

07

大まかな日程観を持とう

「日程観を持つ」というのは開発プロジェクトにおける仕事の大まかな流れをつかむことです。飽きず、焦らず、負担の大きい作業をするには6ヶ月くらいが緊張感の続く最長だと思います。私の日程観は、三つのパートにわかれます。

●最初の2ヶ月は「調べ月」
●真ん中の2ヶ月は「分析＆まとめ月」
●最後の2ヶ月が「振り返り＆ひっくり返し月」

最初に「調べ月」を

プロジェクトが理想論、机上論に陥らないよう顧客、競合、流通を調査して事実を把握します。顧客の声を聞くことは商品企画において最も大切な作業です。

プロジェクト期間の真ん中にピークを持ってくる

最後の1ヶ月に作業が集中して不十分な成果に終わることがないよう、プロジェクト期間の中間地点で報告会を行い、真ん中にピークを持ってきます。

目的、目標から振り返ることも大切

中間報告で報告した内容がプロジェクトオーナー(プロジェクト責任者)の意向で大きく変わる可能性があります。ここで一度、目的、目標から見直してゴールを再確認することが大切です。

商品開発プロジェクトに2つのピーク

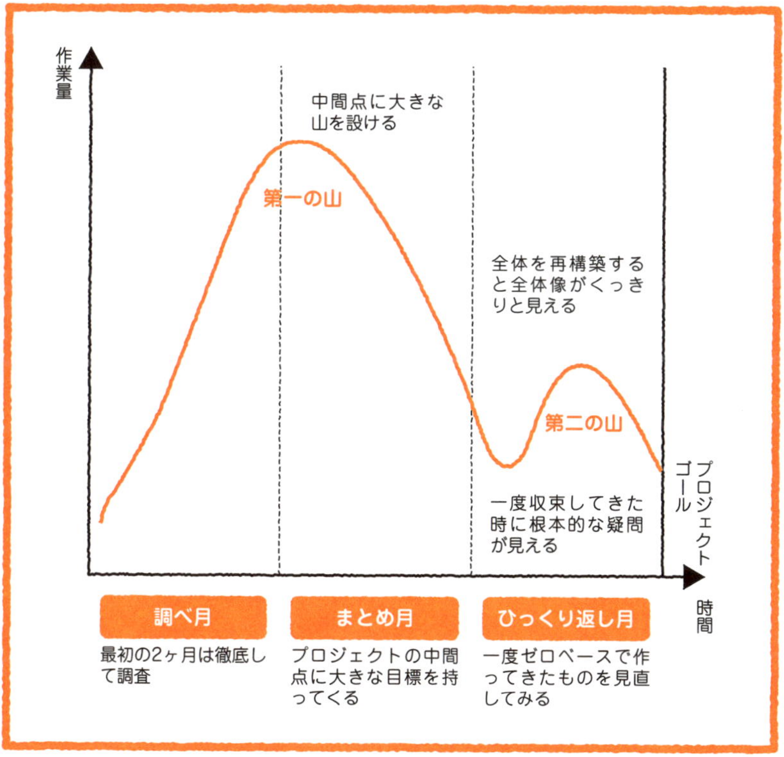
作業量
中間点に大きな山を設ける
第一の山
全体を再構築すると全体像がくっきりと見える
第二の山
一度収束してきた時に根本的な疑問が見える
プロジェクトゴール
時間
調べ月
最初の2ヶ月は徹底して調査
まとめ月
プロジェクトの中間点に大きな目標を持ってくる
ひっくり返し月
一度ゼロベースで作ってきたものを見直してみる

プロジェクト宣言シート

08

崇高な理念こそ、目的共有意識がわき起こる

商品企画における大目的とは、良い商品が消費者、生活者に新しい生活の楽しみを与えてくれ、苦しみから解放してくれるということです。このことが共有できていると、チームは強い結束力で維持できます。全員が常に意識できるように宣言書を作成し、掲示するようにしてください。右図はプロジェクト宣言書の大まかなフレームです。

メンバーの自己開示が必要

違った部署からメンバーがやってくる場合、メンバーの「人となり」を知ってからプロジェクトを開始するとよいでしょう。私はメンバーにキャリアヒストリーとキャリアビジョンを書いてもらい、発表してもらいます。

プレゼンテーション（社内説明会）は正式な場作りが大切

プロジェクト組織とは、本来的には臨時のものです。そのため、期間限定であっても組織としては確固たるものであることを印象づけるために、正式なプレゼンテーションは必ず社長以下幹部列席のもとに実施しましょう。こうすることで、関係者のコミットメント（関わる意志）が上がります。

逐一社内宣伝する

プロジェクト活動が現段階でどこまで来ているのか、定期的に社内で宣伝してください。社内の既存組織から遊離すると、兼務しているメンバーが現場と摩擦を起こすからです。宣伝を徹底しプロジェクトの意義を喚起しましょう。

プロジェクト宣言シート

プロジェクト宣言

Ⅰ．本プロジェクトを「○○○」と呼ぼう

自分たちのプロジェクトであるという意識形成のためにぜひ必要。略称で呼ばれるとなおいい

Ⅱ．開発背景を共有しよう

- 会社の中でのこの商品の使命
- 戦略上の位置づけ

全社にとってこの商品がどのような意味をもつのかを明確にメンバーに伝える

- 商品ライン上の位置づけ
- 市場機会の大きさ

市場においてこの商品がどのようなインパクトをあたえるのかを明確にメンバーに伝える

Ⅲ．活動ルールを徹底しよう

- 成功イメージを常に意識する
- 人間関係こそが最大の成功
- 要因であることを共有する
- 徹底した「見える化」をはかる

プロジェクト活動の最低限のルールの概要を伝える。リーダーとしての経験を伝える部分でもある

0000年○月○日
プロジェクトリーダー○○○○
メンバー○○○、○○○、
○○○、 ○○○

メンバーで合議して自筆サインする。自筆サインすることでコミットメントする意識は高まる

参考文献

商品企画についての参考文献を紹介します。中には手に入りにくいものもありますが、大学、公共図書館なども活用して、確認してみてください。

まず、初学者には入門書を数冊まとめて読むことがおすすめです。とくに新書スタイルでコンパクトにまとまった日経文庫で、「マーケティング」「ブランド」というタイトルがついたものを次々に読むのが簡便な方法です。『ビジュアル・マーケティングの基本』『マーケティング用語辞典』『マーケティングの知識』『ブランド戦略の実際』（以上、日経文庫）と実に多彩です。

本書の構成に関して

デビッド・オグルビー『創造力と知恵』（TBSブリタニカ）

全編にわたってチェックリストで書かれている本。現在品切れ中ですが、Amazonで古本を購入できると思います。

マーケティング全般について

佐川幸三郎『新しいマーケティングの実際』（プレジデント社）

花王のマーケティングプラニングに関して詳説されています。是非、古本で手に入れてください。

近藤隆雄『サービスマーケティング』（生産性出版）

サービスマーケティングの体系的な本です。

恩蔵直人『マーケティング』(日経新聞社)

売り方の入門書として最適。新書ですが、網羅的に理解できます。

青木幸弘、恩蔵直人『製品・ブランド戦略』(有斐閣)

製品開発上の諸課題について詳しく書かれています。課題に関連する調査の紹介が豊富。

マーケティング・プラニングについて

和田浩子『P&G式世界が欲しがる人材の育て方』(ダイヤモンド社)

本格的なマーケティングプランの書き方について触れられており、実際の企画プロセスがわかり参考になります。

チャールズ・デッカー『P&Gブランド戦略』(ダイヤモンド社)

P&Gのマーケティングについて詳説された本です。一枚企画書についても詳細な説明があります。これも品切れです。

プラニングについて

ジェームス W.ヤング『アイデアのつくり方』(阪急コミュニケーションズ)

アイデアとは組み合わせだと説く本。ベテランプランナーの多くが後年、ヤングの言っていたとおりだと思うようです。

星野匡『企画の立て方』(日経文庫)

もっともベーシックな企画立案本です。この程度の簡略な本が、全体像を理解するのには役立ちます。

小樽商科大学ビジネススクール

『MBAのためのビジネスプランニング』(同文館)

とてもいい実例が載っています。

戸田覚『新・あのヒット商品のナマ企画書が見たい!』

(ダイヤモンド社)

ベネッセのウイメンズパークやキングジムのポメラのナマ企画書が担当者の制作プロセスの話とともに記述されています。

ターゲットについて

池上孝一、鈴木敏彰『顧客理解の技術』(ファーストプレス)

ターゲット設定に必要な知見と情報を一冊にまとめた本です。ターゲット設定に関して考え抜いた本です。

ジョン・S・プルーイット『ペルソナ戦略―マーケティング、製品開発、デザインを顧客志向にする』(ダイヤモンド社)

顧客分析という意味では、定性的な分析技法として詳細な方法論を提供しているペルソナ技法がおすすめです。

コンセプトについて

チャールズ・ヤン『ビジネス思考学』(中央公論)

コンセプトについて詳説された稀少な本。ヤンは元博報堂の常務で、博報堂マーケティングの基礎を作ったと思われます。

木村 健太郎

『ブレイクスルーひらめきはロジックから生まれる』(宣伝会議)

演繹法、帰納法といった論理的な手法からアイデアを出す方法について語っている基本を押さえた本です。

斎藤 嘉則『問題解決プロフェッショナル』（ダイヤモンド）

コンセプト実例が豊富。ロジカルシンキングの斉藤コンサルタントの本です。

斉藤孝『売れるネーミング発想法』（ダイヤモンド社）

コンセプトを伝えるためのネーミングの実例が豊富です。

ビジネモデルについて

エイドリアン・J・スライウォツキー『ザ・プロフィット 利益はどのようにして生まれるのか』（ダイヤモンド社）

20数種類の典型的なビジネスモデルを紹介しています。実務に役立つようにパターン集という形で紹介しているのが特長。

アレックス・オスターワルダー、イヴ・ピニュール『ビジネスモデル・ジェネレーション』（翔泳社）

簡便にビジネスモデルを分析できる、ビジネスモデルキャンバスというフレームワークが紹介されています。

説得心理学について

ロバート・チャルディーニ『影響力の武器』（誠信書房）

周囲をどのように巻き込んだらいいか、心理学的知見と知見が得られた調査が紹介されている古典。

プロジェクトマネジメントについて

小林恵智 編・著

プロジェクトリーダー、メンバーの個性に視点を当てながら、プロジェクトの正しい運営法を示した良書。品切れ中です。

[おまけ] サンプルファイル

最後までお読みいただき、どうもありがとうございます。

編集部からのちょっとしたおまけとして、本書に登場する図版のもとになったファイルをダウンロードしていただけるように準備しました。一枚企画書、プロジェクト宣言シート、SWOT図など、あなたの企画書にもきっと役に立つものがあるはずです。ぜひぜひご利用ください。

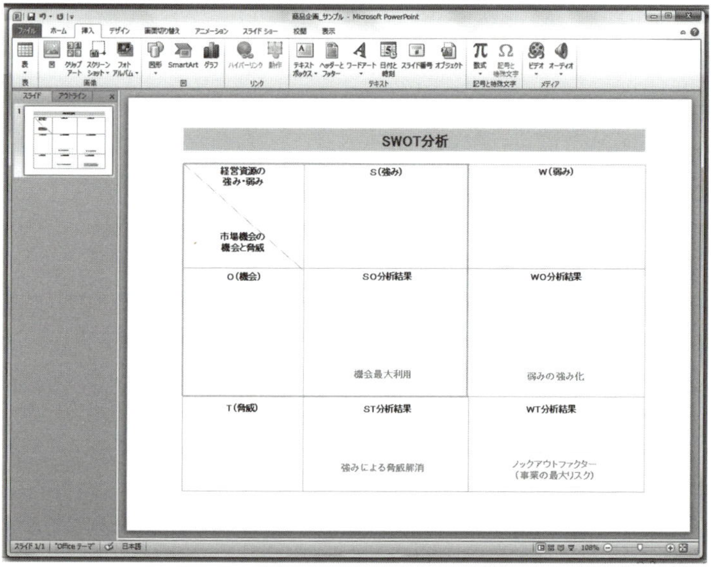

・サンプルファイルは、パワーポイントとPDFで用意しています
・サンプル化しやすいもののみ収録しています
（すべてではありませんのでご了承ください）

ダウンロード方法

①ブラウザで、翔泳社のウェブサイト「SE Book」（翔泳社の本）の本書のページを表示します
「翔泳社の本 商品企画のきほん」などで検索。あるいは、
https://www.shoeisha.co.jp/book/detail/9784798135311　へアクセスします
②商品ページで「付属データ」ボタンをクリックします
③ファイルをダウンロードしてご利用ください

■著者

末吉 孝生（すえよし たかお）

神戸大学大学院経営学研究科にて組織心理学を研究。現在まで、心理学側面から論理思考、戦略思考を研究。20年にわたり電機メーカー、住宅メーカー、アパレルメーカー等のマーケティング戦略の立案・実行や戦略プロジェクトチームを支援してきた。30代後半でベンチャー企業に参画。広告ベンチャー、ITベンチャー、コンサルティングファーム等の取締役を経てコーチング会社を設立。大前研一アタッカーズビジネススクール「ビジネスモデル創造講座」「事業構想力養成講座」「事業戦略立案講座」講師、社団法人日本能率協会専任講師

本書内容に関するお問い合わせについて

本書内容に関するお問い合わせについて
このたびは翔泳社の書籍をお買い上げいただき、誠にありがとうございます。弊社では、読者の皆様からのお問い合わせに適切に対応させていただくため、以下のガイドラインへのご協力をお願い致しております。下記項目をお読みいただき、手順に従ってお問い合わせください。

●ご質問される前に
弊社Webサイトの「正誤表」をご参照ください。
これまでに判明した正誤や追加情報を掲載しています。
正誤表　https://www.shoeisha.co.jp/book/errata/

●ご質問方法
弊社Webサイトの「刊行物Q&A」をご利用ください。
刊行物Q&A　https://www.shoeisha.co.jp/book/qa/
インターネットをご利用でない場合は、FAXまたは郵便にて、下記“翔泳社 愛読者サービスセンター”までお問い合わせください。電話でのご質問は、お受けしておりません。

●回答について
回答は、ご質問いただいた手段によってご返事申し上げます。ご質問の内容によっては、回答に数日ないしはそれ以上の期間を要する場合があります。

●ご質問に際してのご注意
本書の対象を越えるもの、記述個所を特定されないもの、また読者固有の環境に起因するご質問等にはお答えできませんので、予めご了承ください。

●郵便物送付先およびFAX番号
送付先住所 〒160-0006　東京都新宿区舟町 5
FAX番号 03-5362-3818
宛先（株）翔泳社 愛読者サービスセンター

※本書に記載されたURL等は予告なく変更される場合があります。
※本書の出版にあたっては正確な記述につとめましたが、著者や出版社などのいずれも、本書の内容に対してなんらかの保証をするものではなく、内容やサンプルに基づくいかなる運用結果に関してもいっさいの責任を負いません。
※本書に記載されている会社名、製品名はそれぞれ各社の商標および登録商標です。

カバーイラスト	いしかわこうじ
装丁・デザイン	和田奈加子
DTP	株式会社アズワン

コレが欲しかった！と言われる「商品企画」のきほん

2014年3月19日　初版第1刷 発行
2023年5月10日　初版第3刷 発行

著者	末吉 孝生
発行人	佐々木 幹夫
発行所	株式会社 翔泳社（https://www.shoeisha.co.jp）
印刷・製本	日経印刷株式会社

ISBN978-4-7981-3531-1　Printed in Japan

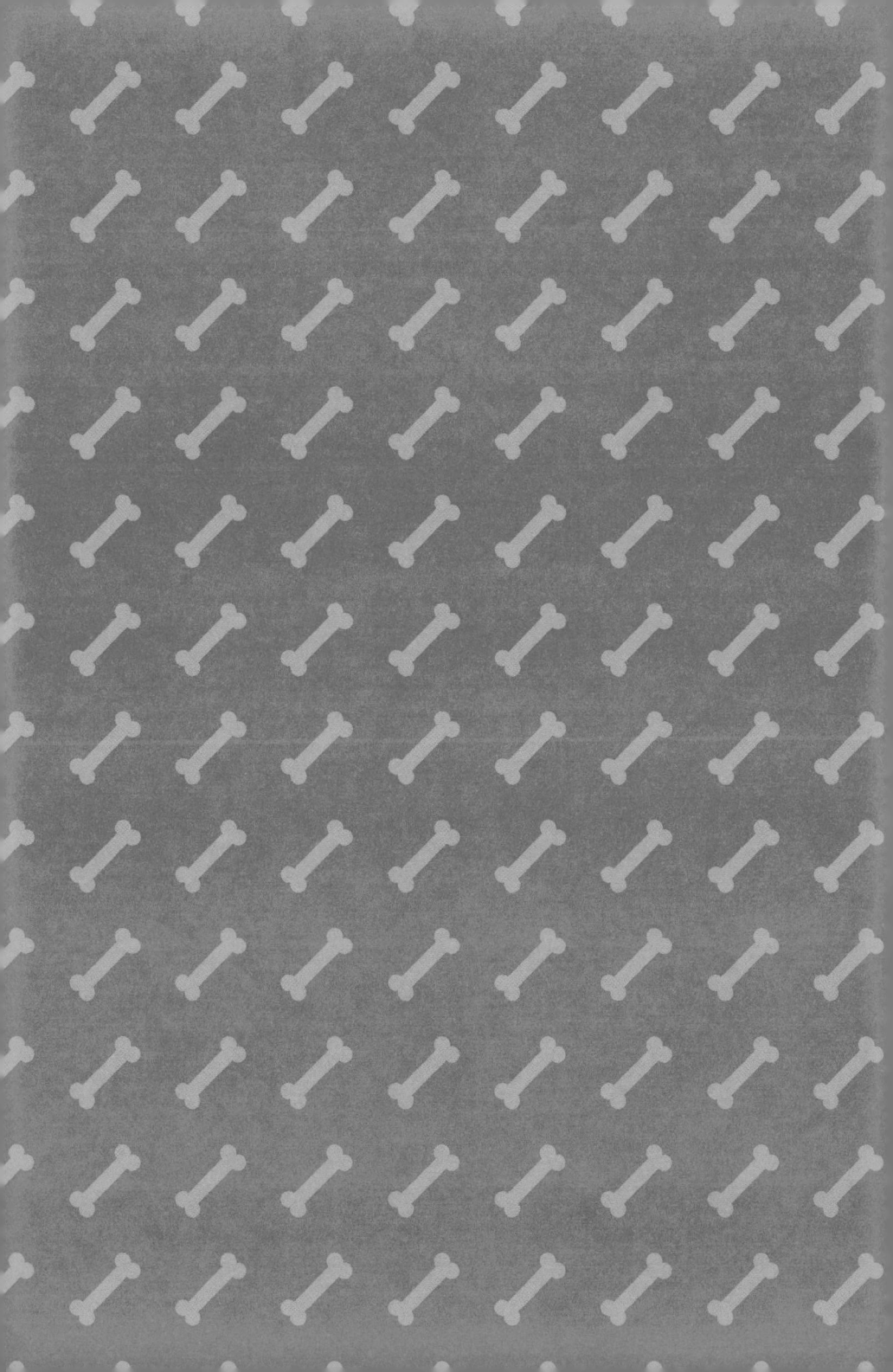